出版研究新视野译丛 | 金鑫荣 主编

〔美〕卡罗尔·费舍·萨勒 著

卢文婷 译

叛逆的文字编辑

相处之道：作者、同事及自己

Carol Fisher Saller

THE
SUBVERSIVE
COPY
EDITOR

南京大学出版社

THE SUBVERSIVE COPY EDITOR:Advice from Chicago(Or,How to Negotiate Good Relationships with Your Writers,Your Colleagues,and Yourself),Second Edition
Licensed by The University of Chicago Press,Chicago,Illinois,U.S.A
© 2009,2016 by Carol Fisher Saller. All rights reserved.
Simplified Chinese edition copyright © 2024 by Nanjing University Press
江苏省版权局著作权合同登记图字：10-2020-115号

图书在版编目(CIP)数据

叛逆的文字编辑：相处之道：作者、同事及自己 /（美）卡罗尔·费舍·萨勒著；卢文婷译. —南京：南京大学出版社，2024.1
（出版研究新视野译丛 / 金鑫荣主编）
书名原文：The Subversive Copy Editor
ISBN 978-7-305-23767-6

Ⅰ.①叛… Ⅱ.①卡…②卢… Ⅲ.①编辑工作 Ⅳ.①G232

中国版本图书馆 CIP 数据核字（2021）第 259155 号

出版发行	南京大学出版社	
社　　址	南京市汉口路 22 号　　邮　编　210093	
译 丛 名	出版研究新视野译丛	
译丛主编	金鑫荣	
	PANNI DE WENZI BIANJI	
	XIANGCHU ZHI DAO ZUOZHE TONGSHI JI ZIJI	
书　　名	叛逆的文字编辑	
	——相处之道：作者、同事及自己	
著　　者	［美］卡罗尔·费舍·萨勒	
译　　者	卢文婷	
责任编辑	刘慧宁	
照　　排	南京紫藤制版印务中心	
印　　刷	江苏凤凰扬州鑫华印刷有限公司	
开　　本	718 mm×1000 mm　1/16　印张 12.25　字数 157 千	
版　　次	2024 年 1 月第 1 版　2024 年 1 月第 1 次印刷	
ISBN 978-7-305-23767-6		
定　　价	68.00 元	
网　　址	http://www.njupco.com	
官方微博	http://weibo.com/njupco	
官方微信	njupress	
销售咨询	(025)83594756	

＊ 版权所有，侵权必究
＊ 凡购买南大版图书，如有印装质量问题，请与所购图书销售部门联系调换

"出版研究新视野译丛"序

邬书林

出版史,在一定意义上也是人类的文明史。俄罗斯文豪赫尔岑有一段精彩的论述,他说"书是和人类一起成长起来的,一切震撼智慧的学说,一切打动心灵的热情,都在书里结晶成形;在书本中记述了人类狂激生活的宏大规模的自白,记述了叫作世界史的宏伟自传"。自文字的诞生起,出版作为传播知识、传播文明的工具,为人类文明的演进和发展做出了不可磨灭的贡献。中国的造纸术和活字印刷术的发明,极大地融汇、促进了中西方的文化交流;而西方伴随着文艺复兴的革故鼎新,尤其是工业革命以来日新月异的科技发展,给人类带来了翻天覆地的产业变革,使得出版业成为近现代产业体系中的重要一极。

因出版产业而起的出版研究(出版专业)是一个古典与现代并存的研究领域,发展至今,俨然已经成为一门新的学科,"出版学"的概念呼之欲出。道理就在于,不管是人类思想史、文明史的研究,还是现代的学科分类研究,都离不开对出版学(专业)的独立、深入的研究,出版学(专业)研究已经成为现代人文科学和社会科学研究中的重要"构件"。中国古代先贤倡导士大夫"立功、立德、立言""三不朽",宋代大儒张载提出的"为天地立心,为生民立命,为往圣继绝学,为万世开太平"影响深远,而这一切都离不开对出版的倚重。近代中国积贫积弱、瓜分豆剖,面临"三千年来未有之变局"(梁启超语),为了中华民族的复兴,一代知识分子提出要"睁眼看世界",主要也是通过翻译、引进西方有关科学、民主和先进科学技术的系列出版物而达到"欧风东渐"的目的;而"五四"新文化运动中,中国先进知识分子也是通过引进西方"德先生""赛先生"方面的书籍来达到打破旧世界、建设新世界的目的。因此可以说,从古到今,出版起到了普及教育、"开启民智"、汰旧立新的重要作用。就出版的时代重要性而言,近现代中国知识界对出版的重视已经超越了对出版本身"工具理性"的实践认同,更加强了对出版业本身所附有的文化意义和时代意义的探索。

经过中华人民共和国建立 70 多年,特别是改革开放 40 多年的快速发展,中国出版业已经彻底摆脱了改革开放之前图书短缺的局面。现在每年出版 40 多万种图书,其中新书 20 余万种,极大地满足了社会大众的阅读需求。就出版物的数量来说,我们的出版物种类繁多,发行数量巨大,已经成为名副其实的出版大国。但同时我们也要清醒地认识到,与西方老牌出版大国、强国相比,我们还有很大的增长空间。当前,信息技术的革命性进步为我们提高出版水平提供了机遇。人工智能、大数据、区块链的应用使出版的理念、管理方式、载体形式、传播方式、运作流程、服务方式都发生了巨大变化。我们可以在一个平台上,用开放、协同、融合的理念,用新技术推进出版的繁荣发展。

与此同时,要建构具有中国特色的学术体系、学科体系、话语体系,增强中国文化的国际传播力,则需要我们深刻认识出版规律，加快提高出版水平，更好地发挥出版服务政治、经济、科技、文化、教育和提高国民素质的功能。为此，一方面，我们要不断地修炼内功，加强理论研究，建立服务出版、繁荣发展的出版学科体系；另一方面，我们要不断地借鉴世界各国出版的经验，从出版文明的交流、互鉴中，汲取营养，起到"他山之石，可以攻玉"的作用。

出版作为实践性强、实操性居多的学科专业，缺乏系统的理论建构，也缺少"宏大"的理论叙事，更多的是具体出版实践中一些心得、体悟和经验，因此中西方出版从业者的很多同质性问题，值得大家相互借鉴、探讨。这套"出版研究新视野译丛"，顾名思义，是为出版专业的学生或出版同业者提供新视野、新体验的书，所论述的问题涉及学术图书的未来、知识过载时代的阅读、装帧设计对读者阅读心理的影响、书籍各个"构件"的故事等，作者大多是出版研究者和身处出版一线的编辑，阐述的都是近年来出版者在日常工作中会遇到的现实问题和解决方案，这些对出版专业学生和出版工作者来说，具有很好的启迪作用和参考价值，因此我乐于推荐。

是为序。

2023 年 11 月 12 日

出版说明

　　出版编辑理论植根于古往今来的出版编辑实践。现代出版编辑理论在发展的基础上得到延伸和拓展，大数据、云计算、区块链等技术极大地扩展了出版编辑理论的研究空间，互联网、数字化、融合出版则对传统的出版编辑理论提出了新的挑战。如何在技术与理论、传统与现代的交互发展中探索现代出版编辑理论的诸多核心要素，是出版编辑理论研究中需要关注的问题。同时，在高校出版编辑学的教学研究过程中，出版的具体实践始终是教学过程重点关注的环节。没有编辑实践的出版教学，就会"头重脚轻根底浅"，易发蹈虚之言，好作虚妄之论。这也正是教育部颁布的出版学教学纲要中，特别要求具有出版实践经验的行业导师加持的原因。出版学发展至今还是"非主流"学科，学科设置一般挂靠于新闻传播学、信息管理学或文学的门墙之下，学科的主体性有待加强。因此，出版编辑理论尤其需要实操性比较强的理论和实践阐述，不断充实、加强当代的出版编辑研究，研究诸如出版类别的时代演变、出版内容的海量呈现、出版形式的多元拓展、出版受众的需求变化、编辑素养的综合提升等相关问题。

　　信息化时代，中西方的现代出版编辑理论和实践构筑不了"小院深墙"，国际化的出版交流日趋常态化。中国作为发展蒸蒸日上的出版大国，在世界出版版图中占据越来越重要的地位。特别是随着文化"走出去"国家战略的实施,许多优秀的出版社成为中华优秀文化走出去的"前哨站"和"桥头堡"。这对我们培养的出版人才也提出了更高的要求,需要他们具有宏阔的国际视野和多元的文化视角,在中外出版编辑理论的互鉴互融中得到能力的提升。为此,我们组织翻译了这套"出版研究新视野译丛"。说它"新",一是研究的题材新,"译丛"提出了一些新的探索、新的见解,如对学术图书的未来、知识过载问题的探讨,对"叛逆"的编辑解读,等等;二是出版时间新,遴选的是近十年中才出版的专业著作。作者既有著名大学的出版专家,还有著名出版社的资深编辑,这使得"译丛"阐述的问题兼具理论性和实践性、普遍性和专业性。

特别感谢施敏的协调统筹。对徐楠、卢文婷、邵逸、王苇等译者也一并致谢。

译丛主编 金鑫荣

2023 年 11 月 18 日

世间最快活之事,

莫过于改他人之文字。

——H.G. 威尔斯(H.G.Wells)

目　录

i		第 2 版前言
001		引言
011	第一部分	合作作者，服务读者
013	1	叛逆的文字编辑
023	2	良好开端
033	3	服务读者，经由作者：细致、透明、灵活
043	4	难题来了：棘手的作者
055	5	迷途的烈士：与逗号缠斗终身
069	6	亲爱的作者：这一章为你而写
089	第二部分	面对同事，面对自己
091	7	难题来了（续）：危险的手稿
105	8	认识你的文字处理软件
115	9	活死线
127	10	鬼地方：同事之间
141	11	外编的困境
149	12	我们未知之事：时刻保持专业性
159	13	文字编辑的禅
167	14	你还想当文字编辑吗？试试看吧
171		延展阅读
177		致谢
181		译后记

第 2 版前言

最初写作时，我希望本书不会过时得太快，所以尽量避免在具体的技术或出版实操细节上花费过多笔墨，毕竟技术更新换代太快了。然而七年过去，第 1 版中的内容早已跟不上时代了，因此，在本次修订中，我希望能有所弥补。

2009 年，本书刚刚付梓，我便开始思考书中未能提及的许多重要问题。因此，我创建了"叛逆的文字编辑"（*The Subversive Copy Editor*）博客，两年多的时间里，发布了许多博文，希望能对作者与文字编辑有所助益。还有一年，我为"通用语"（*Lingua Franca*）博客的"高等教育纪事"（Chronicle of Higher Education）栏目撰稿，为学生与学者们提供写作与出版参考。第 2 版中的很多新内容都源自这些博文。

第 1 版中我没太提及的两个问题，促成了第 2 版中的两篇新文章：第 5 章，讨论过分拘泥于语法、标点编校规则的害处；第 12 章，思考如何追踪语言与写作技巧的新变,这对评估作品与润色文字显然都极其重要。此外,第 6 章("亲爱的作者")还增补了给作者的建议:提交稿子的时候,请规范格式,自校文稿,还有尽量别那么"难伺候"。

引　言

我听到了。

身为《芝加哥手册（线上版）》(*The Chicago Manual of Style Online*)月度栏目"《芝加哥手册》问答"(Chicago Style Q&A)的编辑，自 1997 年芝加哥大学出版社上线该栏目以来，我就一直负责处理有关写作规范方面的读者来信。数以万计的问题，从学生、教授、文字编辑、商务人士以及其他与写作、编辑苦苦搏斗的人们那里纷纷飞来。截至本书写作之时，《芝加哥手册（线上版）》的月浏览量已超百万。[①] 还算幸运吧，至少这百万读者并没有都来跟我们"问答"栏目问问题。

也许你不知道，在英语世界，《芝加哥手册》(CMOS)是最受推崇的编校手册之一。《芝加哥手册》的拥趸或许不是最多的，但一定都是死忠。1890 年代创始之时，它只是一份专供芝加哥大学出版社编

[①] "CMOS 前 50 页数据分析，2014 年 11 月 9 日—2015 年 2 月 9 日"，参见谷歌数据。

辑使用的内部编校文件，然而现在《芝加哥手册》已然拥有线上版、纸质版与移动设备版，逐渐成长为全行业——新闻从业者除外（他们恪守美联社与《纽约时报》编校规范）——作者与编者的圣经。

芝加哥大学出版社书稿中心编写的《芝加哥手册》，从标点符号与字母大写规则，到数字与变音符号，无所不包。它所规定的注释与参考文献格式，也被世界各地的大学广泛采用。《芝加哥手册》的使用者，既有学识渊博的作家、编辑，也有懵懂无知的初学者。近二十年来，我们的月度栏目"问答"一直向他们敞开怀抱。

每天阅读这些网络提问，可以说是游离于日常编辑工作之外的奇妙体验。我们全力回复，每月还会在网站上发布精选问题。问题五花八门、光怪陆离。比如来自美国国家宇航局（NASA）喷气推进实验室（Jet Propulsion Laboratory）的提问：

问：亲爱的"《芝加哥手册》问答"，使用多个形容词时，应按什么规则来排列？比如说，我们知道数词要放在表示大小的形容词之前（六个小苹果），也知道颜色词要放在表示大小的形容词之后（六个小黄苹果）。但问题在于究竟该说"狭长的反气旋主导的西北海岸"，还是该说"反气旋主导的狭长的西北海岸"？（千万别告诉我们正确答案是"反气旋主导的西北狭长海岸"！）

关键问题还在后头："你们给出的答案可有什么理论依据吗？"[①]

[①] 咨询语言学家之后，我们这样回复："我们询问了专家，但在缺乏上下文语境的情况下，专家不想妄下断言，认为'这不是形容词用法的问题，而更多涉及句法层面'。他还强调，词语排列顺序并不固定，常会受到句子意思表达侧重点的影响。而在缺乏足够上下文关联的情况下，他无法断定语义表达侧重点。如果'狭长的'一词是表达重心，那它当然应该放在最前面（与其他形容词之间用逗号隔开）；如果'反气旋主导的'才是重心，那显然它才应该前置到首位（后加逗号）。"

与此相对，也有一些比较容易回答的问题，比如："亲爱的CMOS，请问什么是芝加哥编校规范？你能举个例子吗？"当然还有我最喜欢的："老鼠喝了苏打水会死吗？"

这些来自世界各地的提问，很多出自英语学习者。他们提出的语法问题极其刁钻，我们常常答不上来。（比如："请解释'at'与'to'两词的区别。"）

有一次，我们收到提问：

> 问：你好。请问引用韩国宪法法院案例时应该遵守何种规范？就我所知，CMOS虽然用了很长的篇幅详细说明美国、加拿大及欧洲法院案例的引用规则，但并未提及韩国案例规范。比如说，下面这个例子，"헌법대판소，'대한민국과 일본국간의 재산및 청구권에 대한 문제 해결과 경제협력에 관한 협정 제3조부작위 위헌확인，' 2006 헌마 788"应该怎么处理？

最近我听说中国翻译出版了《芝加哥手册》第16版。（我很好奇，等中国读者发现我们的"问答"栏目之后，他们又会问出什么样的问题呢……）

我收到的大部分提问都与编校规范相关。一般情况下我都能给出答案，但有时也需要查查资料，或发邮件咨询同事，或随手抓住两三个编辑，问问他们的意见。尽管业外人士会称我们为"规范女神"，认为我们精通《芝加哥手册》中的所有知识，但其实我常会觉得自己就像是《绿野仙踪》（*The Wizard of Oz*）里头躲在帷幕背后的那个可怜小人儿——躲在博学慷慨的同事们的掩护之下，我才能够在"问答"栏目中以权威面目示人。收到有关书写技术或语言学的深奥问题时，我会打电话或发邮件给学界专家寻求帮助。有时我还会做做网络搜索,指引读者阅读相关网站资料。

对于那些常见的问题,我有自己的标准答案。我已记不清被问过多少次了:句尾打一个空格还是两个空格?引用推特文字用什么格式(现在这个问题已经不像从前那么让我难受了)?我每月遴选出来的"问答",都由我们的主编和至少两位同事把关,他们会检查我的语法和标点,必要时还会准确得体地纠正我的谬误。

最近这段时间,许多读者来信咨询两类问题。第一类是关于书写或编辑方面的紧迫问题。

问:我该怎么引用匿名电话交谈记录啊?

问:你怎么正确使用专有名词及其首字母缩写?比如 The district attorney (DA)'s argument(地区检察官的论点),这样行吗?

问:《芝加哥手册》规定书名标题中介词小写,那特别长的介词如"concerning"怎么处理?

第二类问题是希望我们判定争议,来信字里行间常常满溢着挫败与崩溃感:

问:我知道我是对的。但《芝加哥手册》能帮我再确认一下吗?

问:我知道我是对的。你能不能帮我说服我丈夫/老师/学生/作者/同事/老板/编辑?

问:我知道我是对的。能劳驾您拯救一下这个充斥着文盲的世界吗?

正是这些问题，令我萌发了写作本书的念头。这本书为你们而写：困扰与迷惑于编校规范与语法规则的学生、教授、文字编辑、商务人士以及作家们；为了解规范却纠结于使用恰当与否的人们而写；为以编辑为业者而写，为不以编辑为业者而写，也为将以编辑为业者而写。① 我希望这本书能带给读者抚慰、鼓励与力量，但这并不意味着我会去帮你说服或纠正老师/学生/作者/同事/上司/编辑。我也不会帮你做作业。我的书里没有文字编辑基础知识。在某种意义上，这是一本"人际"之书，它所关注的是编辑在工作中需要处理的种种人际关系——与作者，与同事，与你自己。我们的讨论角度可能会出乎你的预料。甚或，有点叛逆吧。

"叛逆的文字编辑"，我要好好解释下这个术语所**不包含**的意义，以免读者会把他们想象成我的前同事乔·韦恩特劳布（Joe Weintraub）在其获奖短篇小说中所塑造的那种人物形象。小说里有个傲慢的语言专家伊兹拉·佩金帕（Ezra Peckinpah），他已经被文字编辑折磨了好几个月——这位编辑致力于在印前终审阶段瞎删滥改他的专栏稿子。在下面这个场景中，伊兹拉收到了最后一版校样：

---

① 本书"copyeditor"和"copyedit"拼写，均据《韦氏大学英语词典（第11版）》（*Merriam-Webster's Collegiate Dictionary*, 11th ed.）。尽管有可能会给读者造成困扰，但我仍会交替使用文字编辑（copy editor）和书稿编辑（manuscript editor）的说法。这两个术语定义虽不尽相同，但在我看来，其工作范畴实有交叠。文字编辑工作常由非编辑人员完成——这道工序主要是机械化地浏览文字，检查拼写、语法、逻辑、文体规范、文字流畅程度以及表述恰当与否。根据他们的负责程度，有人只能限定在文字校对领域，而有些人则有可能参与进一步的编辑工作。书稿编辑工作则由专业的编辑来承担，其任务当然包含了文字编辑工作，但更须对文本内容进行深入加工：反思、改写。不仅如此，书稿编辑还兼有管理职责，如协调书稿在编辑过程中的各阶段衔接、制定并落实编辑进度、安排校对与制作索引等。

　　　　他把校样凑到灯下,仿佛要细查纸张纹理有无瑕疵一般。发现最后一段开头居然出现了有悖语法的省略号"就在你——亲爱的读者——和我之间……",他胳膊猛地一伸,胳膊肘把台灯撞得直晃,差点打翻在地。

　　　　"版样!"他冲着电话狂喊,"我要看版样!"①

　　不——宁可令那些挑剔古怪的读者失望,我也要一定要阐明,我所说的"叛逆的文字编辑"跟上面那位完全是两码事。

　　　　之所以说叛逆,首先是因为我不认同流俗的观点,即作者乃编辑之天敌,与编辑争夺文字的决定权。在本书第一部分,我提出了截然相反的观点,为编辑的效忠名单重排了座次:作者处在顶层,而出版社处于底层(可别告诉我的上司),二者共同为读者服务。这样的次序才能催生高效的工作。

　　　　之所以说叛逆,第二点原因在于,身为一名文字编辑,如果你还想好好生活,就必须思考如何跳出规则。文字编辑需要不断处理并化解无穷无尽、或大或小的问题。在本书第二部分,我会盘点文字编辑矛盾重重的职业生涯,梳理清楚我们自设的各种困境——甚至在面对专业、周到又顺从的作者时,我们自找的麻烦也不少。你会发现,死守(to always cleave)规则往往导致事倍功半。② 我要清除阻

----

　　① Joe Weintraub, "The Well of English, Defiled," *Ascent 10*, no. 1 (Fall 1984):43-57.

　　② 如果你现在急着发推特说这句话里的"分裂不定式"(指 to always cleave,在 to 与动词间插入副词的不定式,英语语法中称之为分裂不定式——译注)用错了——或书中任何其他错误——那我能否建议你先去查证一两处权威阐释作为论据?(我是有权威出处佐证的。)如果你在书中发现了错字,我非常感激。但在公开指责之前,烦请先阅读本书第 12 章。我的初衷之一,即建立编校互助社团。

挡我们前进的强迫症、固执与迷信。在本书中,你会不断遭遇一个离经叛道的观念:"它无关对错,它只是个规范。"

多年以前,我在跟儿子约翰阐释上述这些观点时,曾提到希望找出某种能令人们①各取所需的方法,即使打破规则也没关系。约翰问我:"就像去商场偷东西一样?"当然不是了。我完全无意纵容糟糕的语法与粗率的引用。良好的编作关系应当是编辑与作者紧密合作,让作者表达清楚诉求,这样才能得心应手地帮助作者实现目标。在这段时间里,你会搞清楚作者想要什么,也会明白自己想要什么。如果你善于交流,作者最终也会明白你们双方的目标其实是大体一致的。另外,我们还需要处理好同事关系,同时调整自我心态,如养成良好工作习惯与工作态度,在有限条件下尽己所能有效完成工作任务,而无须牺牲原则、健康或睡眠时间。

谁知道呢?如果我们足够幸运,能够渐渐摸索出与作者、上司、同事及自我的某些相处之道,那么也许我们对生活也将有更加深刻的理解吧。

我任职编辑的芝加哥大学出版社,主要出版学术著作,内容广涉多种学科。在工作中,我要与各个部门的同事打交道:采购、设计、印制、营销等各种与做书相关的技术领域。社内只有 15 位全职书稿编辑,根本没有足够的精力处理全社书稿,因此,我们也会雇用兼职的自由编辑(外编)。编辑工作的整套流程都已电子化,通过微软 Word 软件中的"审阅"功能完成。在本书中,我始终牢记:不是所有人都在写书、编书,并熟悉 Word;不是所有人都居家办公;也不是所有人都能够灵活闪避规则。我会专辟章节讨论外编状况以及作

---

① 分裂不定式用法,参见第 6 页脚注。

者的问题。

在芝大社书稿编辑部门,尽管大多数编辑都有较高学历,但他们并不会完全专注于特定专业领域。书稿常常会参照编辑的日程与效率来进行分配。这些年来,我做过三卷本的动物头骨研究、七百页篇幅的历史地理学文献汇编和犹太笑话集。数学与物理方面的大部头作品会安排给拥有相关专业背景的外编。[我曾经带过一位外编,其所编校的《弯曲时空中的量子场论与黑洞热力学》《Quantum Field Theory in Curved Spacetime and Black Hole Thermodynamics》,这些年来我一直把它供在书架上镇场子。]

尽管我的工作经验大部分集中在学术图书编辑领域,但我也曾做过大众图书与报刊编辑。多年以前,我还做过秘书、负责数据录入的文员/打字员以及(顺带一提)书信收发员。无论在哪个岗位上,我的工作都与书写、编辑(还有收发)相关。回顾过往,我只想说,这一路走来,我编校过许多文字,也收获了些许经验。既然你愿意发问,那我也十分愿意把经验分享给你。

在《芝加哥手册》收到的问询邮件中,我们听到了字里行间的沮丧、崩溃与不满。但是我愿意相信,当我们听**不**到时,他们一定正得心应手,享受文字工作带来的快乐。把一篇疙里疙瘩的稿子改得文通字顺,那种满足,只有手艺人才能理解。编辑做书,如同助产士帮助孕妇生下健康的婴孩,如同裁缝将设计师的构想完美呈现为锦绣华服,如同木匠与泥瓦匠忠实执行建筑师的图纸,盖出一座值得引以为傲的安稳建筑。编辑与这些匠人的共通之处在于,我们都渴望与创造者达成合作——而非对立,若一切顺利,我们也能与创造者一起分享成功的快乐与满足。

最后,我相信你能通过重新审视自己作为文字编辑——有无这个头衔都没关系——的角色,而令多方收益,把自己从那些有害无益的习惯与态度中解放出来。问题的关键不在于如何编辑书稿,而在于如何在编书的同时好好生活。我希望本书能给你一些自信与优雅的底气,令你在与作者辩论周旋时胸有成竹,毕竟最终要由你负责把作者们拉出他们自设的困境。

第一部分

合作作者，服务读者

1　叛逆的文字编辑

问:"作者感谢娜塔莉与伊莎贝拉,感谢她的编辑协作",在这样的句子中,使用代词"她"而非"她们",合乎语法吗?

你是谁?

从"《芝加哥手册》问答"栏目的读者来信可以看出,我们的许多读者并非文字编辑从业者。但这并不代表你没有做过编辑工作。在办公室日常工作中,你一定曾有过处理文字的经历——只要是文字,其中就一定多多少少存在着问题。梳理文字就是编辑工作。它不仅包括检查拼写、语法与规范,而且还需要核定正误,理顺逻辑和篇章结构,追求文字晓畅。几年以前,杂志《文字编辑》(*Copy Editor*)改名成为《编辑文字》(*Copyediting*),因为"拥有'文字编辑'头衔的人正逐年减少"。按照《文字编辑》编者温德林·尼克尔斯

(Wendalyn Nichols)的说法,"许多公司都在开发定制出版(custom publication)业务,自由编辑也在努力走出舒适圈。文字编辑必须寻求更加多元化的职业角色"①。这样看来,或许大部分给"问答"栏目写信求助的读者,都是没有受过专业训练的文字编辑吧。

只要你在工作中需要与他人作品打交道,那么这些来自专业文字编辑的建议一定会令你有所收获。尽管我所讨论的大部分问题都集中在我所擅长的图书文字编辑领域,但其中涉及的许多原则也同样适用于处理各种其他文字作品:报纸杂志、公司与非营利组织文件、线上内容、新闻报道、广告文案、漫画书、情书……哦,情书恐怕不行。无论是否拥有职务头衔,我都建议你接着再往下读读。

老板是谁?

面前一大摞亟须处理的新稿子,你坐下来,摊开心爱的词典,电脑屏幕上闪着谷歌或必应(Bing)、《芝加哥手册》或其他编校规范,还有常用的编辑参考资料,统统陪伴在身边。也许你坐在办公室里,桌子上摆着五支削好的铅笔;也许你待在地下室里,比萨上的油脂直往纸样上滴。专业训练与个人偏好是你的武器。手指在删除键上跃跃欲试,打算删掉那些没用的"那"(that);鼠标在标点符号上蠢蠢欲动;你也可能大刀阔斧,随时准备把第一自然段挪到结尾,然后参考梗概重写一个开头。

无论工作方法怎样,只要开始进行校阅编改,那么你实际上就是在为**某人**打工了。你要努力争取这个人的认可,尽量与其保持相

---

① Wendalyn Nichols,"Ask Copy Editor," in *Copy Editor*, August-September 2007,4.

似的水准。那这个人是……你的雇主吗？不对。作者？也不尽然。你自己吗？更不靠谱了。

读者才是你的终极老板。你，你老板，你老板的老板，都是为了这同一个人而奔波忙碌。你们都拥有同一个目标：让那个人得到最佳阅读体验。我知道你已经想到这一点了。常识告诉我们，为令读者满意而积极工作，根本谈不上什么真正的叛逆。归根结底，这是作者与出版者的使命，或者说得更露骨一点，取悦读者才能令报纸、书籍、博客或小程序（widget）大卖。只有满足读者、打动读者，才能留住读者，令他们去相信、去投入、去付费。

既然文本用途多种多样，那么编辑自然要对文本剪裁缝补，以适应不同读者群体的要求。负责招聘编辑的主管人员，手里必定有一大堆规定与指南，要求编辑去遵守执行。若严格遵照指南开展工作，那么总有一天，你会跟某人纠缠到焦头烂额——不是跟制定规范的上司，就是跟挑战规范的作者。为读者编书，就意味着不断质疑现行编校规范。这怎么可能不起冲突呢？某种编校规范，对一篇报道"打破互联网"的照片的文章或许特别合适，但用在另一篇讨论移民改革的论文中，很可能就完全行不通。所谓的晓畅文章，基本写作要素大略相似，细节却可能大相径庭。比如"预脱水"一词，它可能是废物处理业日常工作备忘录中的专业术语，也可能是《纽约客》杂志里某首诗中的一句雅趣妙语。"七千三百六十二"这种数字写法，在小说中还说得过去，但在部门预算报告中出现就绝对不行。语词重复可以表示强调或体现秩序，但也可能会显得累赘啰唆。幽默也不一定总能得体。

别害怕：我不是要怂恿你顶撞上司，抛弃规范，把分号用法和悬垂结构①都扔到脑后。恰恰相反，我强烈建议你改稿子时熟记编校

---

① 指句首短语与后面句子逻辑关系不清晰的语法错误。——译者注

规则,搞清楚语法逻辑的来龙去脉。一篇好文章,不那么符合编校规则与规范,逾矩处不但不会有损其文采,反而会增光添彩。例子太多了。比如说,某些编校手册会要求,文章中人物初次出现时,必须写明全名。国际性的新闻报道或商业图书,或者面向能力与注意力状况不一的多层次读者的学校教科书,其目标是表述清晰、实现教育功能。因此,标明撒切尔指玛格丽特·撒切尔、莎士比亚指威廉·莎士比亚,这是必须的,这能令大多数的读者准确自如地理解文本内容。但是涉及专业技术的文章,其目标读者本就是相关领域内的专业人士,因此,在行文中提及名家姓名时,作者往往会更偏好使用简写形式。比如一篇讨论文艺复兴时期诗歌的文学稿件,写上"但丁"就足够了,非要加上姓氏写成"但丁·阿利吉耶里",只会显得作者特别无知。

为了保证带给读者良好的阅读体验,必要的修修补补是必需的,但这可不是说你就可以随心所欲地大删大改。幸运的是,比起编者,大多数作者可能更明了目标读者的需求。因此,在你打乱作者的选择与安排前,最好三思而后行。

现在,我们的下一个问题来了。

稿子究竟属于谁?

作者写作时,心中会有目标读者。明白这一点,对你是有好处的。如果你的作者是专业人士,无论什么领域——计算机、诗歌、时尚,那么他一定对该专业术语了如指掌,也一定会得心应手地直接使用术语,因为他确知这是与自己目标读者进行交流的最佳表达方式。即使他只是为了完成写作任务而刚刚涉足某一主题,他对该领域的了解也可能比你更加深入。既然作者已经提前预想到了自己的目标读者，那么他接下来自然会希望编辑帮助文章更上一层楼。在他的美梦中，经你之手，他会编出一篇精彩而完美的艺术佳作。（但他做的若是噩梦，你就是把字字珠玑变成破砖烂瓦的恶人，不过别介意。）想想其中的责任，把作者当作你的第二号老板吧。

年轻编辑常会形成一种错觉，认为作者们都是老顽固，对编校规范一窍不通，而自己的工作就是要跟他们对着干。这显然完全有害无益。文字编辑要学会说"不"，引用字典或相关规定来说服作者——"这不是常用说法""这不符合规范""这太费钱了""这会导致延期的"。这些话有时是不得不说的。但是如果将作者与编者视作敌对关系，那你的职业生涯将只剩下焦虑与压力。作者的职责与文字编辑截然不同：作者需要一字一句写出作品。你比作者幸运，你只需要打磨现成的书稿，而无须体会创作时的枯燥与痛苦。你的首要目标不是增删涂改，把作品硬塞到编校规范的框架里。你的首要目标是不毁作品。

但是，孩子——某些编辑方式，的确会毁作品啊！

每一位被强改过稿子的作家，他们那毫无语感的文字背后，一定藏着一个缺乏经验的编辑，他专门负责把文字中的鲜活灵动改得死气沉沉。凡是不符合高中语法知识的逗号，他统统删掉；凡是作者追求行文连贯紧凑之处，他又必定随手插几个逗号打断节奏。他会为了规避被动语态而扭曲整个句子结构，为了一个"whom"的用法以死相逼。在这样的编辑看来，全文统一就是一切。在它面前，令读者喜爱并认可的作者风格显然不值一提。他们热衷于强加规则——有时甚至接近迷信——而这些规则只会困扰作者，破坏文字。因此，他们视作者为绊脚石，挡了他们努力毁词谤字的路，这也不足为奇了。

但这就引出了另一个极端：迷恋大删大改的编辑。他们期待与原文完全不同的故事、完全不同的论述、完全不同的语气，要求作者努力去贴合编辑的想法。这类编辑，不是为作者做嫁衣，而是要把作者的衣服剪裁停当留给自己穿。

你可能以为那些极为强势的文本编辑会苦于所知太多，然而真相恰恰是他们所知太少。正因如此，他们才会紧捂着寒酸的技能包，斤斤计较于细枝末节，而丝毫不知还有其他可能。

所以，不毁作品的第一步就是扩充你的技能包。熟知编校规范与行文惯例，能够令你充满自信地择对拒错。深思熟虑后打破规范与粗心大意的低级错误，二者之间有着重大区别。前者一定有理有据，后者必然毫无章法。"出版社召回编校不合格的图书，承诺重印"①，看到这样的大标题，想必你也会脸色煞白吧。

如果没有接受过专业训练，或者完全不熟悉基础编校技术，那你就压根无法服务读者——更无法赢得作者的尊敬。②掌握了技术，才能谈得上与作者合作无间，并肩为读者服务。但如果你的编校规范学得半生不熟，却又不得不硬着头皮编稿子时，那么自我克制（不毁作品）就是最好的编校策略。

接到一本待编的稿子，你——而不是别人——就要做好准备去守护作者及其作品了。从那一刻起，便再没有人比你更在乎这部作品。直到出版发行，也不会有主管来帮你重校一遍。签下作品的策

---

① "高等教育新闻博客"，2008年5月2日发表，2015年3月17日引用，http://chronicle.com/article/Princeton-U-Press-Recalls/40917。

② 学习编辑技术有很多途径，比如阅读相关书与论文，但总体而言，经验才是最好的老师。本书第14章里给出了一些帮你快速入门编校的小建议，其中之一是：通读一本编校手册，它能让你迅速判断出自己是否真的愿意成为文字编辑。读的时候请仔细感受。如果你宁可用削尖的铅笔扎自己，也读不进去编校规范，那也许这份职业就完全不适合你。

划编辑已经完成了任务——他都开始谈下一个项目了。书稿运作主管随便过一眼,把稿子分派给你。营销部门在想怎么把这本书塞到大营销方案里,而图书买家对内容又不怎么买账。除了你,还有谁来帮作者说话?如果出了问题——年度财务报账出毛病了,作品索引篇幅太长了——这时,你只有将书稿视如己出,全力推进,才能保证各方多赢。

我们为何插手

出版新人可能会觉得惊讶,居然会有所谓的"文字编辑阶段"这种东西。作者在交稿之前不能先自己校对、润色、修改吗?编辑不能提出批评然后把书稿发给外审吗?作者们不会根据编辑反馈及时更正修改吗?这该死的破稿子还不能算编完吗?

当然不能了。

在学术出版领域,期刊论文或专著作品要经历比其他类型书稿更加繁复的层层修改与审读,才能最终给到书稿编辑手中。但是作者及其同行审读书稿时,可能会更重视宏观问题:论证、逻辑、结构以及表述是否清晰准确等。如果同行评议专家发现了错别字、语法问题或语词混淆,他们或许会指出错误,但这并不是他们的职责。而文字编辑不仅要注意这些宏观问题,还必须精心记录、反复查证数以百计的细节问题。他得保证人名、地名与结论前后一致,不能脱离规范。他得看到脚注 43 引用了《美国社会学杂志》(*American Journal of Sociology*)第 12 页上的一篇文章,但文献索引表明这篇文章的起始页其实在该杂志的第 22 页。编校记录里,爱德华·穆赫兰(Edward Mulholland)这个名字出现在第 51 页,所以他会怀疑第 372 页的**爱德文**·穆赫兰(**Edwin** Mulholland)是不是写错了。他会校出来书中有三种不同的柴可夫斯基姓名拼写"Tchaikowsky/Tchaikovsky/Tchaikovski",发现目录中第三章标题是"The Untruth of the Gaze",而在正文中该章标题却写成了"The Untrue of the Gaze"。

其他类型的图书,不会像学术图书一样经受严格的多轮审读,很可能会直接分派给编辑,你甚至会常常拿到作者刚递过来的稿子。或许,这篇新速写就是记者当天在通勤车上疯狂敲字刚码出来的作品;或许,你的上司会让你编校一封她刚顺手在午餐煎饼包装纸上起草出来的筹款书。在检查拼写、标点与全文用法统一这些编校工作之前,你很可能还得先负责把整篇文字重新捋顺。

现在,我知道有些读者——尤其是那些刚刚接触文字编辑工作的读者——要疑惑了:"文字编辑究竟有什么意义啊?"

雇用文字编辑的出版商们显然觉得很有意义。因为欠缺准确与前后矛盾会削弱作者的权威性,令读者困惑不安,同时也会使出版社显得极不专业。如果图书目录上章节页码都能标错,那表4中的数据没准也不对。如果米娅·华希科沃斯卡(Mia Wasikowska)[①]的名字都能拼错,那谁还能相信她真的和你做了这次访谈?挑剔的读者会判断作者是否值得信任。表达粗率、细节粗糙,很容易会带来不信任。而文字编辑的工作,就是肃清这些错误。我们这样做,是为了帮助作者赢得读者的信任——信任作者的智慧才华与责任担当,信任其作品严谨可靠。我们这样做,是为了润色作品、梳理报告,让读者沿着思想的海岸线一路畅行,不受街角红灯的阻隔侵扰。我们这样做,是因为我们能从得心应手的工作中获得满足与骄傲,不是吗?

---

① 好莱坞知名女演员。——译者注

读稿子的时候，你会聆听作者的声音，化身为他的理想读者，主动将文章的风格规范与字里行间传达的意义相连。你要学着思作者之所思，但也要时刻准备通过编校，把他从偏离方向的小路上拉回正道。他想写的某些内容，有时反而会让他远离更重要的主题，一旦发现这种情况，你就必须立即干预叫停。

我知道有些文字编辑，压根儿就没有机会同书稿的作者交流。尽管这种分工模式有其合理之处，但它显然会妨碍你实践本书前四章所给出的建议。我希望这本书——包括开头那几章——能够对你有所助益。在你与作者之间，其实是可以发展出某种紧密关系的。矛盾重重，还是合作愉快，一切取决于你。你可以止步于不毁书稿，亦可以与作者齐心合力，守护文字，促成佳话。

以此为念，让我们来为良好的编作关系打下坚实的基础吧。

答：如果作者想同时感谢娜塔莉（Natalie）和伊莎贝尔（Isabel）的编辑协作，那么使用"她们的"（their）一词才是合适的。针对下面这个句子："作者感谢娜塔莉（不是协助，但并未明示是什么）与（感谢）伊莎贝拉，感谢她（her）的编辑协作"，尽管语法上也（勉强）说得通，但毫无疑问会令读者困惑。（语法上说得通并不意味着就一定没问题。"条纹状的句子希望拥有绿色的习惯"，语法上也不能算错。）简而言之，这个句子生硬不通，必须改写成更清晰的表达。

2　良好开端

问：我们餐厅的菜单上写着"周二—周五"供应玉米饼。但是，我周三去点玉米饼时，却被告知只有周二**和**周五两天有售，而不是周二**到**周五均有。我告诉餐厅经理这样写不对，她好像特别震惊，且拒绝修改。请你帮我判断下谁对谁错吧！

开明编辑的三种美德

你接到一本待编稿件，上面标了作者名字。有时，你必须忽略下面的事实：这篇文字发布时可能不会署上你的名字；作者可能完全不参与编校；你也决不会与作者产生任何联系。（比如社区报纸上的电影信息表，或是公司公告板上的午餐菜单。）有时又会恰恰相反：你替某位作者编辑文字多年，已经成了她的助手、顾问甚至合作者（比如你常为其代笔书信的 CEO、你们报刊社的职业作家或专栏记者)。如果你的编作关系完全不属于上述两种——不相往来或全情投入——则大可跳过这一部分。本章我们要谈的,是如何与分派给你的新作者和睦相处的问题。

现在我会觉得,初次联系作者有点像网恋,当然前提是不能对作者说瞎话。尤其是在图书编校领域,文字编辑不太可能事先认识作者,大部分情况下,双方甚至可能都不会见面。那么作者凭什么信任你,把他的宝贝书稿放心托付给你?很简单,你可以给他三个信任编辑的理由:(1)你的邮件或电话沟通显示出了细致认真;(2)你会全力保证出版流程顺畅透明;(3)你绝不是个保守僵化、令作者担忧的古板编辑。**细致、透明、灵活**,请把这三个词刻到你的橡胶手环上。我们还会多次提到这三点。

联系作者的时间,要安排在细致通读全文之后、开动编辑之前。作者将是你最重要的工作伙伴,所以一定要尽快与其建立起良好的合作关系。和在 OkCupid[①] 不一样,你至少会知道作者的真名,方便提前做好准备。去谷歌搜搜看:掌握他的兴趣所在,了解他在网上展现出来的性格,这会对你的工作极有助益。你可以在电话或邮件里,通过一两个问题,让作者知道你已经对书稿极为熟悉(谷歌搜索的事就不要提了),同时展现出你的职业素养与能力。联系作者时一定别忘了介绍自己。如果你对作品主题兴趣浓厚甚至颇有研究,那么一定要确保作者知道这一点。

请你尽己所能表达对该项目的热情。把你的工作计划告诉作者,把你的所有联系方式发给他。(但手机号码还请慎重——尽管我曾经给过作者,而且从未后悔过。)如果可能,可以问问他是否愿意通过电子邮件或电话联系;能接受编辑在编读过程中随时提问,

---

[①] 婚恋网站。——译者注

还是希望编辑总结问题后一并提出。只要亲手写上几封,你就会熟练掌握邮件写作技巧,参照新作者的个人情况,随时调整细节。

  亲爱的作者女士:
   (自我介绍什么的。)
    最后,在着手编辑之前,我还有个问题要请教您。我看到您在文中常常大写"印象派"(Impressionism)一词的首字母,但在提到其他流派时并没有明确的固定用法,如巴洛克的、古典的、浪漫的、立体主义的、现代的[后面也有"者"(-ists)或"派"(-isms)等后缀]。我们的编校规范要求上述术语一律小写,但在我修改之前,请您告知是否可以统一小写或者您倾向于采用何种写法。

提一个好问题,能让作者感觉到你对细节的精益求精,知道在你的把控下,她的作品会更趋精致完美(这是细致);她能相信你不会瞒着她贸然行动(透明);同时,提问也能体现出你愿意倾听作者,寻求积极合作(灵活)。而且这种自我介绍的方法还能带来几个额外的好处。从作者的回复中,你能推断出她的态度与偏好。你会迅速感知到,面对用红笔涂改自己稿子的编辑,她究竟是泰然处之还是忧心忡忡。她同样会做出自己的判断——或提出疑问。你也会注意到她回信回得快不快,她这个人是慢条斯理还是幽默可亲。至少,你还能给自己省点力气,不必因为自作主张把每一处巴洛克的、古典的、浪漫的、立体主义的和现代的(及其名词)都统改成了小写,而又要回头费心费力地再把它们恢复原状——要知道作者在交稿前都是经过了反复自校确认的,行文用字已然自成体系。(在处理艺术流派首字母大小写的问题上,我曾经被一位著名作者震惊过,他让我自行决定用法。我冲动地给他回信说:"我真心希望你能更加颐指气使、独断专行一些,在用法上坚持原则,这样才能解决问题。"作者回我:"真遗憾,我错过了颐指气使、独断专行的机会。")

培养六个习惯——立即开始

在你着手编辑之前,先稍等片刻。新项目的开启,是个令人振奋的时刻。就目前而言,很不错——你还没有机会毁稿子。作者对你充满信心。此时,请提醒自己,养成六个好习惯,把这种蜜月关系好好保持下去,至少还能在灾难来临前把损失控制到最低。

1. 提前询问,友好询问。我们都一致认同,编前做好询问沟通会带来很多益处:问题能展现你的能力,能助你事半功倍;从作者的回复中,你还可以通过细节琢磨出她的性格与偏好。而且,在处理编者与作者的关系时,提问还有另一个重要意义,即营造一种合作共赢而非彼此对抗的工作氛围。因此,你要尽量使问题显得主动积极,而非被动消极,即使你对这本稿子评价极低也不例外。不要在提问中夹枪带棒,暗示作品达不到期待水准。("你的大小写似乎每段都在变。我相信你这样做肯定自有道理——但很抱歉,我怎么也看不懂你的逻辑。能否烦请解释一二?")这里,我先不讲碰到麻烦需要善后时提前询问可能带来的种种好处。(后文会详述。)

2. 别(过分)擅改。如果你用电子文档进行编校,那么你很可能会使用修订(或红线)模式工作,在修改时保留原始文本以备核查。比如说,在文档中,你插入文字,则新增部分会以下划线模式出现,就像这样;你删除文字,被删掉的部分则会被拦腰划掉,就像这样。①你可以选择打开或关闭修订模式,因此,你也可以选择把它关掉,"默认"编改。有些确凿无疑必须更改之处,在修订模式下反而容易看不清楚(比如,删掉两个单词之间不小心多打出来的两三个空格),因此,把它关掉有时也是必须的。你编辑完成之后的稿子必须是能让人看懂的。有些修改,比如删除连词符或单词末尾的"s",如果体现在修订模式下,会让人看不清楚:be svisually confusing(明白我的意思吧)?这时你改就完事——管他呢——不必多说。但是初次修改时最好标注清楚(如:副词词缀"-ly"后文统一不加连词符)。默改之处可以列表记录,随编校稿一同送出。其他比较常用的默改包括删除前缀后面的连词符,把数字之间的连词符改为破折号,以及增添各种版式和规范写法等。我在编校信中还会专门提及,自己曾对《芝加哥手册》和芝大社内词典进行过默改。

3. 杜绝意外。不擅自修改,才能避免让作者被迫接受不快的意外。缺少足够的沟通,还会引发其他震荡,而且是编辑内容之外的大震荡。有时候,你寄给作者一份校样,然而正赶上她去了中非共和国,要为大猩猩主题的封面报道做两周独立采风。还有些时候,作者会误以为可以在下一校次里加几幅图表。而在下面的几封电子邮件里,作者惊诧地发现,他本人居然需要给书稿做索引:

> 作者:什么索引?我不是都交过了吗?
> 编辑:你发来的只是索引条目,还需要加上页码——而且

---

① 需要注意的是,修订模式在电脑上的呈现方式,会因系统设置不同而略有变化。告诉作者修改部分显示为"红色字体""划线文字"或"评论框批注",这会让作者困惑而抓狂,所以,一定要指明修订模式下文字显示"取决于电脑系统设置"。如有必要,你最好说服作者把电脑设置成与你相同的参数。

要注意格式,我之前提过的。请通读全书找出对应页码。很遗憾,索引无法自动生成。

　　作者:这肯定是搞错了。为什么无法自动生成?你们不是有电子文档吗?为什么要人工手动做索引?而且怎么会要我来做?

你很幸运,这些麻烦我都遭遇过了,所以你不必再犯同样的错误。初次与作者沟通时,所有你能想到的截止时间,一律都要写清楚,同时仔细询问作者的旅行或教学计划,以免出现问题。(如果你编的是新闻稿件,截止时间又要另当别论,你的作者很可能早已心知肚明。)确认校对或索引制作负责人,如果得知作者准备在某些环节雇用自由外编,那一定要提醒他提前几星期跟外编约好。还要跟作者确认清楚修改增删文字或图表的合适期限。

4. 跟进进度。随着项目推进,找个机会提醒作者接下来的进度。电子邮件是个特别好的提醒方式。("你好——提醒一下。最近抽空看校样了吗?没什么问题吧?""你好——提醒一下,这两个星期我准备把书稿送你自校了,想确认下是否方便。麻烦在 7 月 17 日前送返校样。希望一切顺利——如有问题,请随时联系我。")

即使在电脑时代,你可能仍须送出纸质校样,这意味着要打包邮寄,反复确认作者是否签收。有时即使你收到了快递公司的签收回执,但作者很可能迟迟不开包裹,一直拖到有空时再看。所以,别指望在包裹中放一封编校信就一定能让作者确知截止日期。我曾经给一位逾期不交校样的翻译写过电子邮件,她回我:"什么时候截止?我还没打开呢。"因此,寄出书稿包裹时,最好再同步写封邮件或打个电话,跟作者明确截止期限;收到包裹签收通知后,最好也再跟作者确认一下是否真的收到。网站上显示有人签收,并不代表包裹就一定没被随手扔到收发室。

事先做好说明并安排好下一阶段工作，会使查看作者进度的工作变得轻松简单。你把稿子送给作者自校时，一定要向他说清楚允许改动的范围、程度，以及本次是否为最后一个自校校次。你在写编校信时，尤其要强调这一点。（"这次是最后一次修改机会了。终校阶段再做修改，费钱不说，风险也大——因为出错概率极高，而且你都没有机会再自校一遍修改版本。"我的前上司与工作导师还会在信末加一句话："抱歉，我可能把丑话说在前面了——但这样才能避免以后产生不必要的麻烦。"）

5. 保持职业态度。有时你会跟作者特别投缘，几乎快要在工作中发展成朋友了。我不会阻止你交朋友，但我要提醒你，为作者代言与跟作者做朋友，并不是一回事。身为作者书稿的编辑，你的首要目标是对读者负责，在处理三者间关系时，保持职业距离会让事情变得简单一些。作者与编辑之间产生所谓的交往界限问题，我们常会有所耳闻：有位作者曾给我同事发过一张照片，照片里他身上有一片假的（她希望如此）心形文身，心里还文进了她的名字。另一位同事还提醒过我："你太和善了，会被他们欺负的。"

在这一意义上，职业态度就体现为你给作者初次写信时，应写"亲爱的××（姓）先生"，而不是"亲爱的鲍勃（Bob）"。有些年轻编辑会说这种郑重其事早就过时了，简直是恐龙时代的产物。但事实上，在出版业，最终拍板的大佬们，都是恐龙。如果因为随随便便而得罪了人，你就只能自求多福了。如果××先生愿意在信末回复"你的，鲍勃"，那就是最好的结果了。[我有个同事特别喜欢一位彬彬有礼的南方作家。两人远程紧密合作两个月后，那位作家写信给她："现在我打算直接叫你'丽娅'（Leah）了，如果你也愿意叫我'博雷加德'（Beauregard）的话。"]

电子邮件的问题,后面我们还会详谈。但在职业态度的语境下,一个颠扑不破的原则(就算这会有损你的"叛逆"名声也无所谓)是,一定要迅速回复作者你能否解决他的问题。你抽身回复作者的这几秒钟,会让她知道你在时刻跟进她的书稿。("贝丝,很抱歉我也不知道,但我会尽快弄清楚。")有过失或延误要随时道歉,但不要模棱两可地敷衍。贝丝这点事算个什么啊,你手头还有三个更紧急的要到截止日期的稿件要处理呢!这种话可以回家跟宠物狗抱怨,但和贝丝联系时,你要做的就是抱歉没有及时回复。问题的关键是,你要掌握好一种微妙的平衡:既让作者相信她是你关注的焦点,又暗示她只是你负责的众多作者之一。一句话,不要抱怨。至少别在办公室当众抱怨。

关于最后一点,我还想再说几句:除非必要,否则不要解释。这其实有违常理,我们的第一反应总是自我安慰、辩护,找寻借口,竭力**解释**。但只要你在解释时提到细节,那就等于为别人提供了反驳的口实。最好的解释,要确定无疑,而非含混不清。保持你的职业态度。下面给大家举的例子,是我本人的一件糗事。但是(1)我想以此提醒你不要犯同样的错误;(2)我希望你知道,我不会把自己塑造成一个完美、自信而幸运的编辑。恰恰相反:**我常常搞砸事情**。这也让我吃一堑长一智。我曾给一位网络研讨会的组织者写过一封电子邮件,她不停要求我增加投入时间,搞得我最终决定要撒手走人了:

"初"版:

格特鲁德:很抱歉,我觉得自己不太适合参与你的网络研讨会项目。从一开始,我就觉得自己完全跟不上你的预期,现在我更加确信这一点了。你觉得我手里有幻灯片却不想拿出来，但这种事就算再过一百万年也不可能发生。我这辈子都没做过幻灯片，而且我也不知道幻灯片对阐述究竟能起到什么大不了的作用。

你可能指望能看到所谓的"展示宣讲"吧，但我不但没时间也没意愿替你做这个。不好意思——我答应替你的网络研讨会点评《芝加哥手册》，压根就是因为碍不过面子。而且我一直在跟你强调，我顶多就只能花几分钟说说编辑工作在风格规范方面的重要性。坦白讲，芝大社并不打算投资你的产品，你本人也没有为我的时间付过一分钱。对我来说，就连几分钟都不值得浪费在这件事上。我忙到手头的本职工作都快没时间做了。

恐怕我就只能止步于此了。再次为误会表示诚挚歉意。预祝会议顺利。

我的上司读完草稿后皱起了眉头："不要解释。"啊——太对了。下面这封才是我真正发出去的邮件。

"终"版：

格特鲁德，很抱歉，由于日程和工作关系，我恐怕没法参加你的网络研讨会了。希望还能给你留出再找一位讲演者的时间。抱歉添麻烦了。祝一切顺利。

6. 说"可以"。 对于身处出版业权力图腾柱底端的编辑来说，最好的一件事——或许是唯一一件好事——就是你无权做出最后决定，也就是说，你不需要说"不"。"我去问问"，这才是你要说的话。如果作者说想让自己最爱的姑妈替他重写一份合同，让自家七岁的孩子画书中插图，你可以回信给他：哦，不太清楚行不行，但我可以去问问。之后你就可以——尽可能忠实地——把他的问题抛给能向他说"不"的人了。如果作者的要求虽合理,但超出了你的责任范围时,那就整理好问题去找决策者谈。记住,你是最了解作品的人,最有权力判断作者要求是否合理。谨慎周全地去战斗。常给同事或上司提供好建议,这会让你同时赢得作者与同侪的信任与尊敬。

当然,很多时候,你也会被迫拍板决定,也会有冲动说"不"。每当作者想要把我已经改好的文字恢复成原来的错讹时,我都会充满说"不"的冲动。但尽管如此,我们仍会坐下来商量,直至找到双方都能满意的方案。我会听作者的申诉意见,我也会引用权威以提出论证或案例,在大部分情况下,很快就会得出结论:我们总有一方手握更好的答案。

共赢

到现在为止,我们看到的还是玫瑰色的图景。你能有条不紊地工作,作者也能顺畅地接受你的编辑建议,所有人都能得到满足:读者获得极佳阅读体验,作者赢得赞扬与爱戴,出版社实现口碑与商业双丰收。你自己呢,也以一种默默的幕后方式,收获了出色工作的奖励与为世界图书市场输送佳作的骄傲自豪。

但你或许也会想,"她说得倒是简单",而且想确切知道究竟如何才能与作者细致、透明、灵活地沟通,当你深陷项目泥沼时,又该如何保持这些习惯。(别忘了,还会拿到烂上天的稿子呢,那时你该怎么办?)所以下一章,我们就来一起想想办法吧。

答:菜单的确写错了,但我觉得,你去找她麻烦可不太划算,毕竟你吃的玉米饼就是她做的。

3 服务读者，经由作者：
细致、透明、灵活

  问：原作者已过世，而其原创作品又经他人改写，这种情况下，封面、扉页该如何标注？是否需要标明原作者？

  在第二章中，我将细致、透明、灵活视作通往开明编辑之路的三条途径。那么，现在我们就来具体谈谈究竟如何通过这三点实现编辑与作者的双赢。

细致

  一定要记住，如果你不知道自己在做什么，那么编辑书稿就等于在做无用功。我曾带过一个年轻编辑，他热衷于给文字加逗号，极度细致认真地用上千逗号分隔引用文献中的作者名与日期（如：爱德华兹,1981）。如果他能对《芝加哥手册》稍加学习，就会知道我们的规范要求二者间省略逗号。如果他能对编辑工作理解得更深刻一点，就会知道根本不用理会规范上提到的逗号问题。

关键是，在讨论细致问题时，我其实也是在讨论知识的适用性问题。如果你压根就不了解主题、风格以及编校规范或语法，那你很可能注意不到这些细节。开始阅读书稿时，你或许是世界上最细心的人，但是如果你不知道问题所在，那你很可能乐颠颠地一直往下读，而忽略掉本该引起警觉的细节。所以，通向细致的第一步，就是学习编校规范手册。就《芝加哥手册》这样的大部头而言，学习的确是一个渐进的缓慢过程；你还应当找到一套简洁好用的编校小指南，并养成常常翻阅的好习惯。① 如果某本编辑手册不适合你，那就挑一本能让你感兴趣的。倘若你是编辑新人，请记住这句箴言："首要原则，不毁文章。"

别忘了，作者才是知识宝库。她或许摸不清你所遵循的编校规

---

① 曾有读者来信问过是否学习《芝加哥手册》的简易教程，下面就是我们提供的几条编校规范学习建议：

答：不要望而却步。除非你是位专注技术的作者，否则大可以略过几章不看，需要查阅时再说。关键在于知道书里有什么内容，知道如何查阅使用，而不是要把整本书给背下来，可以试试从书稿准备与编辑那一章开始看起。那些对你的工作有帮助的内容，可以进行细读，然后浏览下有关标点与拼写那几章。同样，最重要的是学会理解并找出问题，而不是记住所有的解决办法。再读读讨论名字与术语的章节，这样遇到了也不会抓瞎。（"作品名称"那一部分，你肯定会一看再看。）读读"数字"一章的导言，如果有兴趣，不妨继续读完。翻翻目录以及各章小标题，看看什么问题正好与你手头工作息息相关。等你觉得自己已经足够强大时，就去啃啃"文献来源"那一章，真正的编辑都会卡在那一关。此后，你就可以随缘翻书了。有些人会说，《芝加哥手册》是本供人不断翻看的书；如果你有线上版，那浏览翻页就更是常态了。

范,但她拥有两项你大概并不具备的技能:她了解作品主题,她还可能了解自己的读者。在编辑工作中,有些问题你应当留给作者来处理,而作者绝不会因此就质疑你的专业能力。真正令人看低你的,其实是不懂装懂——比如硬说自己精通约鲁巴语①。但是也不要什么事都推给作者("你要知道,我这儿可没人检查约鲁巴语。")。做好你分内的工作。仔细一点,看看作者是不是足够认真负责,必要时也要及时推她一把。("请核所有的约鲁巴语。我看到在某些相同表述中,标音符号与单词写法前后不一致。我不确定以下这些表述是否属于特殊用法:orí kí, oríkí, òrí kì, or oríkì。术语的大小写用法也有不统一之处,或许你可以列一个术语表来解决问题。如果决定做术语表,则请对照原文再次检查相关写法。随信附上编校记录以供参考。")

我们必须承认作者对其写作领域与读者的了解,但不要指望她一定精通语法细节与编校规范、能够迅速接受你的编改智慧。如果你觉得作者可能会因不理解而较难接受编改,尤其是出入较大的情况,那一定要在特别醒目之处写好修改原因。("《芝加哥手册》要求小写'the board',而大写'Board of Trade',据此全书统改。")有时我会在编校信里提醒作者做好准备,接受一个常有的编校问题:

> 如果我对某个词语的使用或拼写提出疑问,那一般是因为在字典中找不到相关例子。若需保留术语原样,请标好"保留"(stet)②。但是如果你觉得读者也有可能看不懂,那么最好考虑替换成其他表达。

---

① Yorùbá,西非语言,约鲁巴人母语。——译者注
② "stet"一词源自拉丁语,意为"保留"。

通过这种方式，我向作者传达出了专注与关心：我指出某个编辑问题，并提出了相关建议。如果可能，我会把问题留给作者解决。

这里我还要说几句题外话，谈谈谨慎质疑的重要性。高质量的编校建议能够体现出编辑工作的细致，而轻率粗略的质疑则会轻而易举地败坏掉作者对文字编辑的好印象。因此，提出疑问时，一定要慎而又慎。以下是三条准则。

1. 不要用无解的问题搅扰作者。我指导的一名实习生，特别喜欢钻牛角尖，只要哪个复合词组跟她的词典不一致，就立即去找作者："**double header**（中间用空格）是故意这么用的吗？""**cut-off**（中间用连词符）是故意这么用的吗？""**bone shop**（中间用空格）是故意这么用的吗？""**salt water**（中间用空格）是故意这么用的吗？""**kow-tow**（中间用连词符）是故意这么用的吗？"如果我是作者，那我简直要怀疑是不是找了个机器给我当编辑了。我更愿意看到编辑做出的编校决定，看到编校信里写清楚复合词格式是按照字典统一标准来修改的。

我带过的一个编辑曾要求作者检查引文来源，因为"National Socialist party"的大小写跟我们社的编校规范（Party）不符，而该稿件中其他大小写又都是按照这个规范来的。这就是不通情理。（如果引文写的是"National Socialist pastry"，那又另当别论——尽可以要求作者去图书馆核对原文。）另一个编辑质疑书名里的斜体短语："这是个作品还是其他什么东西的标题？"我理解编辑想要确认那个短语是该"正确地"标注上引号还是该改成斜体，但是作者很可能完全不明白她在问什么。引号或斜体，二者之间那些细微的差别，根本没几个读者分得清。那么，大家是否值得花费大量时间和精力去操心这种编校死问题？作者很快就会被这样的问题烦到崩溃，感觉不停地被骚扰轰炸，并进而怀疑编者的判断力。如果标题格式全书都能保持一致，那编辑的质疑就是自找麻烦。你的疑问最好还是留待真正出现大问题时再提出来吧。

2. 简洁清楚。既别屈尊俯就，也别过度解释。 解释少做为佳。作者最讨厌读没完没了的编辑技术说明，尤其不爱看那种充斥着神谕符咒般引文（如："见 *CMOS* 14.180"或"见 *OED* s.v."）的说明。这样的解释方式只能暴露你的弱点。少做解释，把它们留到关键时刻去捍卫你的编校决定。

3. 编后重读早前的质疑。 读完你会感到庆幸的。许多最初提出的编校疑问，会随着阅读推进迎刃而解。读完全文，你会对作者本人与书稿内容有更加深入的理解。因此，你或许会十分愿意调整下质疑的语气。

重读时，细致意味着知识运用：你自己的编校规范与语法知识，以及作者对文稿主题与读者的认知。最后还有一种知识，即你本人身为读者的日常经验，你可以光明正大地在编校解释与质疑中参考应用这种经验。你一生都在读报纸、杂志、图书与网络文字，不断在其中发现含糊其词与逻辑混乱。你肯定有过冲动，想要求作者把文字改改通顺。现在你的机会来了。简单解释为何编辑要微调修改："此处你尚未提过'Stanpole'"或"如果'picture'用作动词，则此句不通。"必要时，将你自己的个人阅读经验带入编辑工作中，反而会真正帮到见多识广的读者。

透明：一目了然的书稿

我们已经看了许多透明式编校的例子，所以这里就长话短说吧。我们会提醒作者下一步的编辑流程，也会在进入不熟悉的领域前事先询问。我们会开启 Word 修订模式标记清楚修改与质疑，也会就潜在的争议编改提出解释。我们会在编校信或记录表里总结编改问题，并随校样一起返还作者。编前、编中、编后，都一律透明可见，且全程邀请作者参与。没错，透明式工作的目的就是让作者深度参与合作，而不是仅仅把编校完事的校样扔给作者。

许多文字编辑，尤其是自由外编，在工作中很可能完全没机会与作者交谈或通信。你与作者中间隔了一层，但是这并不意味着你就可以把作者隔绝在工作流程之外。尽管你可能会为了进度而不得不自行做出某些决定，但是你仍旧应该在工作中尽量恪守细致、透明与灵活的好习惯。项目编辑、上司或是经纪人，他们会需要你的服务，会代表作者帮你拿主意，也会帮你询问作者意见。如果你在终校阶段收到了作者自校返稿，那么可以看看他的回应，做最后的增删修改。如果你能做到细致、透明与灵活，整个工作进程会顺畅得多，作者能顺利接受你的编改，你也能在终校阶段少遇到些操心事。

充满悖论的是，关于透明，其中的言外之意才是我能给出的最好建议：透明的关键在于，需要透明的时候，你能否接得住招。下面这两条，或许是本书最重要的建议了：

● 编辑时，只要你在作者书稿上做了编改，就必须说得出修改理由：依据的是哪本权威著作，哪一章哪一句，都要清清楚楚。（这不是说非要白纸黑字写下来，那样又太啰唆讨厌了。但是当你因为常见的语法谬误或前后矛盾而跟作者产生龃龉时，这些权威依据就是你必不可少的底气。）

● 质疑时，只要你对作者的语法规范、字词用法或事实描述有异议，就一定要先去查证。千万别忘了查证，而且（如果是那种尚未定性的问题）记着要去查比较晚近的资料。

即使你始终坚持这两点,也并不是总能成功,但是至少你能为理性的编作交流做好准备,而且能够有效降低被人当成傻子的概率。

灵活:规范就只是个规范罢了

在我们谈到的这三条美德中,对文字编辑来说,灵活或许是最难掌握的。细致,自然无须再谈。我们的本质就是一丝不苟——等我费劲强调编辑工作需要认真细致时,你甚至会觉得被冒犯了吧。而自从有了编辑软件之后,透明这一条也比从前简单了许多。但这些年来,我阅读"《芝加哥手册》问答"栏目读者来信时,仍然会看到,当涉及编辑决策时,问题会变得极其难以"灵活"处理,尤其是这些决定很可能意味着必须牺牲掉我们所恪守的那些规范。我们熟知规则,辛辛苦苦遵照规则编辑书稿,换来的却是作者的反感与抵触。这时,战斗就成了本能:捍卫荣誉,捍卫职业骄傲,或许还有一点点私心——捍卫权利。"我的作者坚持……",是读者来信最常见的开头之一。这样的话让我知道,你被套上了意志之战的枷锁。上天做证,我们是有原则的。

我希望你重审这种不灵活的僵化行为,当然是有许多原因的,但肯定不是因为你缺乏美德。对新手来说,日常编辑工作的重中之重是遵守编校规范,而非语法或文献。很多写信给"《芝加哥手册》问答"的读者都会要求我们确认某种编校规范是否"正确":

问:我上司在写"部门会议(the department meeting)定在星期二"时,非要大写"部门"首字母 D,我跟他说不对,他还不信。

问:我想按照《芝加哥手册》的规定,删掉期刊引文名称冒号后面的空格(如:社会网络 14:213—229),但作者不同意。您能确认下我的做法没问题吗？

问：我刚刚拿到一本自校返稿，作者把我删掉的前缀连字符全给保留了（post-industrial, pre-war, 等等），我知道连字符理应删掉，但他说字典上面有连字符。我很迷惑。难道是规范改了？

从这些问题看得出来，很多文字编辑没有理解一个道理，即编校规范（包含标点、大小写规则、连字符、标准拼写以及常用引文格式，等等）本质上是兼具规定性与可变性的。如果编校规范真能放之四海皆准且永久有效，那我们也用不着编那么多规范手册与词典了。语法（主谓一致、代词用法、时态呼应，等等）也会随时间推移而变化，但这种变化极其缓慢，且常争议重重。许多语境下，编辑可以容忍文本中的不规范语词用法甚或俚语，但是语法规则远比我们的编校规范更加严格、更加不容分说。

不理解编校规范可变与英语语法不可变之间的区别，或许是读者来信中最重要的痛因。编校规范体系不仅千差万别（《芝加哥手册》只是其中之一），而且差别产生也各有历史原因。举个例子，报纸常用的美联社（the Associated Press, AP）规范，初衷是为了方便向大众推销报纸。它提倡使用能覆盖各种教育背景读者群的语言，规避政治性表达，力求保持中立公正的立场。儿童教育读物也有这种指向性明确的规范；某些极其严格的编校手册甚至会按年龄段规定词汇表，设定单一句子中词语数量限制。

作为学术写作领域较通行的实用性规范，《芝加哥手册》编校指南多年来逐渐累积，随时代发展不断改版。在第16版中，我们决定放弃"9 January 1930"这样的规范用法，转而使用大部分美国人所习用的"January 9, 1930"。我们还恢复了在"2nd"中保留"n"的写法。

在第 14 版中，当编校规范与语法发生冲突时，对一个超乎我们时代的问题反复斟酌之后，我们提议将 their 作为一个无性别单数物主代词，比如这个句子："任何人（anyone）都可以在这张支票上伪造其签名（their signature①）了。"②我们反复争论到底要不要禁用短横线（en dash）。自 1906 年初版开始，每次改版我们都要声明："本书规范与惯例，究其本质，并非僵化教条。它们仅为一般用法，特殊情况应酌情而定。"

关键在于，你的编校指南——或学校里学到的任何编校"规则"——都是人编出来的。因此，出于对稳定统一的追求，出于对读者负责的态度，你可以在工作中对编校规范进行不断微调。你理解编校规范，因此，你也不必每次遇到数字问题时都犹犹豫豫："嗯，有个数字。需要改成拼写格式吗？"你心里知道自己喜欢哪种格式吧？自信点，放手去用。编校规范的意义并不在于永远"正确"，而在于它能帮助你更加自信地为读者服务。

尽管的确有一些编校惯例就像语法规则一样铁板钉钉，不可更改，但总体而言，编校规范还是比你想象的要宽松灵活得多。③ 如果作者的要求并不算过分，那也可以试试接受。如果某种编校规范的确不适用于特定文本，那要把它解释清楚，以便作者理解编改原因。

语法规则比编校规范要严格得多。语法错误会让人觉得作者

---

① "signature"一词为单数，将"their"规定为第三人称单数代词，避免了将"anyone"具体化为男性"he"或女性"she"的问题。《芝加哥手册》重塑"they/their"作为单数代词的用法，有效解决了编校规范与语法规则之间的冲突。——译者注

② 当时，我们把这个提议放到了脚注里；在第 15、16 版中，我们把脚注删了——但很快就发现单数人称代词"they"已经得到了广泛使用，不仅是大众传媒，越来越多的学者作家也开始把"they"当作规避使用以"he/she"指代人称的最佳选择。

③ 如果你为学术期刊、报纸或杂志做文字编辑，那么恪守引文规范与某些编辑职责可能是不容置疑的。但是要知道，你的作者也同样受到了这些规矩的严格制约。

无能或无知,因此,大部分作者都会对编辑的纠正心存感激。但编校规范则不然。在编校以及其他工作中保持灵活,是维系良好编作关系的一把钥匙。向作者表明,你将在编辑过程中保持开放交流,这等于给作者吃了定心丸,而这颗定心丸会从一开始就给你们的关系奠定基础。我不会把编作关系比喻成父母带娃,但是所有父母都该知道,无论对婴儿还是对少年,没有底线绝不是好办法。编书如人生,我发现"我们谈谈吧"真的是个极为可靠有效的策略。有时,另一方会想,"哦,行吧,既然有选择余地,那就这样吧";或者,"我天啊——她还想'谈谈'。我宁愿就这样算了"。

如果灵活编辑原则对你有所触动——如果你对其可行性、结果甚或职业道德有所疑虑——我建议你可以直接跳到第五章,那里有更深入的讨论。

现在,我们已然用了三章预热编辑如何与作者或作者代理人相处。我们安排了优先顺序,形成了友好沟通,养成了良好习惯,将"细致、透明、灵活"的烙印打在了肉体乃至精神上,竭尽全力守护社内编校规范。我们准备好了面对一切。

真的吗?下一章,我们要开始直面最深的恐惧了。

答:可怕!作者过世,其他人不能将其作品据为己有。原作者是封面、扉页上**必须**署名的,改编者名字可写可不写。如果改编者执意要在封面、扉页上署唯一的名,那就请他自己先去写本书出来吧。

4 难题来了：棘手的作者

> 问：哦，英语大师啊，正式文字中，可以在句尾标一个问号加一个感叹号吗？有位作者给我画出了一些特别重点强调的文字，这些句子末尾全都同时标上了问号和感叹号。

好编辑偶尔碰到也会措手不及，但很多情形下，麻烦其实也是可以预料的。有时，我们在文字中嗅到危险；有时，危险又潜伏在作者身上。但不管怎样，麻烦缠身之前就确认清楚危机来源并想好对策，总是有必要的。

在我的整个编辑生涯中，我自认遇到的棘手作者不超过六个。所谓"棘手"，我指的是那种完全拒绝任何编改，甚至连讨论商榷都不能接受的作者。我们都有那种刻板印象：大牌记者厌憎逗号；诗人非说拼错的单词和古怪的标点都是灵感；为评终身教职写下第一本著作的副教授们——因死板僵化而臭名昭著，不过也能理解，毕竟他们的前程全在此一举。在他们眼里，编改就是个人恩怨，校样上的红字就是插刀的伤口。还有些作者特别虚荣，会因为职称没有大写而耿耿于怀，会要求照片铺满整版，名字印成加大号。更别提还有些更难缠的，他们有的言不及义、不知所谓，有的恰巧是你的顶头上司，有的本人就是高中英语教师。

一个自由外编曾跟我提起过一位作者，他拒绝一切编改，因为他希望能保持某种"刻意含混"。另一位编辑负责的历史学者声称，他的研究对象的手稿中连接线（dash）有七种不同长度，坚持要求在印刷排版中体现出长短差异。我曾编过一位哲学学者的作品，他忧心忡忡：如果版面设计行间不加上小装饰（＞＞＞＜＜＜），那所有论述就将失去意义。我听过的最诡异的故事，讲的是一位女性杂志的自由外编，发现作者——某著名"国内天后"——笔下的食谱是抄袭的。她邀请作者来她家吃晚饭，然而，当天晚上，可怜的外编就神秘去世了⋯⋯

我并不想吓你。大体而言，我相信没有几个文字编辑会被作者给谋杀掉。在我的经验中，书出得越多的作者，越会对文字编辑心怀感激。他知道编辑帮他改掉了多少尴尬、蹩脚的笔误，而且也常会因诸事分心而乐得将终校阶段的指挥棒移交给编辑。当然，如果这位出过书的作者曾经被恶劣的编改折磨过，那就另当别论了。（什么？当作没发生？）

但我们的任务不是替作者的焦虑不安做精神分析，而是竭尽全力为读者提供最好的阅读产品。当你从最初的交流中感到作者很可能抵触编辑时，那就赶紧做好我们谈过的预案来肃清道路吧。

慎之又慎

一如既往，我们的座右铭仍旧是细致、透明与灵活。面对焦虑的作者，如果你一开始就能降低期望并合理安排工作，后面会减少许多痛苦。编辑时试着保守一点。尽量宽容慷慨，别忘了，或许你其实并不怎么了解作者心中所设想的读者。多年以前，我还是个新编辑，供职于一家全国发行的大众类杂志。我的职责之一，就是为朱迪斯·克里斯特（Judith Crist）的影评专栏做文字编辑。作为拥有众多狂热拥趸的资深作者，克里斯特一直以专栏文字无须编改而自傲。一般情况下，她都是让助理打电话回复文字编辑。她告诉助理该说什么，助理再打电话传话给编辑；我回答问题，助理再把回答传给克里斯特太太（Mrs. Crist，这是她喜欢的称呼）。整个流程虽说费劲笨拙，但总好过另一种方式：我对她怪异的脾气与喜好的措辞一无所知，所以经常导致她气得把话筒从助理手中抢过来大骂。我很快就明白了，不理会文字，只核查事实有无出入，就算有错，也只做询问，而决不冒险惹她发飙。有那么几次，我发现了笔误或事实错误，她也得体地改正了。慢慢地，我被允许偶尔调整一下她的句法结构或语词选择。大概一年以后，我们的相处已然比较愉快，我后来离职时，她还送来了一封亲切的感谢信。

如果你特别注意不毁文章的原则，就坚持做好编辑记录，以便后面回头修改。如果你启用宏（macros）或其他清理插件，做统一替换或样式更改，却没有打开修订模式（修订模式下修改才是最好的方法），那么千万要对每一处修改都做好记录。如果你很早就发觉书稿需做大量增删修改，又不想担责，那就先发一份样本给作者征求同意。最好发出两种版本：一种看得到修改标记，一种则是改好的清样。① 这样做是在跟作者再次确认：样本是为了确定以后的工作流程，一切进展都可以随时沟通。（"我建议你先读清样，不受干扰地看看文字是否流畅。然后再请浏览删改文字，看看是否有不该改掉的文字需要恢复。"）如果你的编改有理有据，作者也会理解并同意你继续如此推进工作。如果他极其抵触，那你就要仔细询问他的反馈意见，并从此着手改进方法。不管怎样，关键就是说服作者愿意配合你的工作。

尤其要牢记第三章的建议：只要你做出修改，就一定要能说清楚为什么，引用的是哪个权威版本；对陌生知识领域提出疑问时，一定要事先查阅清楚。有些作者会容忍你把他们的文字随意修改成"看上去更好"的样子，但另一些作者则决不接受。

如果你不加编校导语就把大部头校样发给作者，那最好解释一下编辑缘由并强调你愿意就此进行沟通。在讨论统改问题时，一定要列出你用作参考的编校规范与字典。尽量不要让作者在问题解决之前就直接拒绝你的建议。（"我从不随意编改，除非的确存在语法、语序或规范一致性问题。所以如果你对具体问题的处理不甚满意，那么及时告知并提出建议将会对编辑工作大有助益。"）

最后，注意不要向作者随意乱做你能力范围以外的承诺。一位策划编辑曾给我讲过不少书稿编辑惹出的可怕事故：他们随随便便就允诺强势的作家们增添章节、多加插图、延长期限。这都是出版大忌——增加内容一定要高层同意才能进行。艺术图片会打乱预算，影响从印刷成本到出版时间等各个方面。推迟出版有时可以容忍，有时却会毁掉一切：从图书签售、奖项提名到时效性敏感的营销规划。这些都牵涉合同，且完全不是文字编辑所能决定的事。记

---

① 永远不要假设人人都知道文档中能够隐藏修订记录。

住：当一个令人畏惧的作者提出影响出版成本或进度的要求时，你用不着每次都说"不"，但是说"可以"一定要谨慎。

检查动机

或许我在这里要说几句题外话，作者并不是唯一自视甚高（ego issue）的群体。文字编辑也是受过高等教育的聪明人，做这份工作前，你已经系统掌握了晦涩难解的编校与语法知识。你忍痛做出正确的决定，但作者极其抗拒，这时，你的第一反应很可能会指向个人恩怨，把抗拒当作羞辱。如果作者在校样上写下的回复粗鲁无礼，你肯定会不满甚至愤怒。哦，是的——我们都见过的："我这么写就一定有这么写的原因。""不！！！保留！！！"甚或（来自真实故事）"狗屁"。一位芝大社书稿编辑负责的某作者，曾在校样上面写："不，不要改。"过了几页又写："我告诉过你不要改的。"书稿结尾他又写道："我告诉过你多少次了，不要改！"①（希望他这么做只是为了搞笑吧。）②

谁都希望能建立权威，赢得胜利。但是放任这种情绪并不是什么好事。保持客观才是上策，尽管这意味着你要不时给自己做做思想工作：我尽到责任了。反正都是他署名，又不是我写的。至少抱怨起来同事都站在我这边。这事从此就当饭后谈资得了。总有一天我自己也要写本书。

我不是劝你屈从作者的不正当要求。恰恰相反，如果你下定决

---

① 本句原文所有字母大写，以示愤怒不满。——译者注
② 与此相反，我觉得最有趣的一条作者自校反馈，是对我修改一处表示不幸转折的语气词的回应。他在编辑建议边上写道："哇噢！是的。窒息，恶心，呕吐。"我姑且认为这就算是同意了。

心跟作者争论,那就一定要有站得住脚的理由,而不要为了通过争论来证明自己。比如,不要因为作者跟你关系不好,就觉得他所有要求全都不合理。再胡搅蛮缠的人,也总会有那么几次占理的时候。

最不该做的就是毁掉友好合作的机会。你也不可能永远正确——时刻提醒自己,对作者傲慢无礼,既不能缓解矛盾,也不能增进信任。

对付霸凌

当一个作者对你的编校表现出极大的敌意时,那你很可能就碰上了一个恶霸。如果作者送返的校样上密布着**"保留"**字样,那就做个让步,保留那些问题不太大的部分;换句话说,就是只改硬伤,不要追求文从字顺了。你尽责了——必要的话,保留编校记录与来往通信作为证据。尽量保留原文,之后你最好再写信或发邮件解决掉残余问题。圆滑一点,写写正面反馈。感谢作者的高效与细致。为自己工作中的不妥之处致歉:"很遗憾没能理解您的盈亏统计(win-loss statistics),当时真应该先问问您。感谢解答。"用不着胆怯害怕,大大方方为尴尬状况负起责任来。[①] 如果可能,告诉作者,经过他的第二轮编校确认,书稿的呈现更棒了。

霸王身上其实有一个征兆:你发出一个礼貌的或试探性的问题,对方却回给你一个毫无帮助的答案。你发现有几个小问题只有作者本人能解答,于是你写信询问:"这里缺字了吗?""此处是有意

---

① 我的书稿编辑想为这句话加个注脚:"这份工作让我学会了一样本事:为自己没犯的错向别人道歉。"

为之吗?"然后信心满满地等着作者回复解决问题。但是霸王很可能就只回一个字:"不"或"是",而完全不打算解决问题。除非你再跟作者交涉一轮,以求解决之前的疑问,否则这事就无解了。把问题写得具体一些可能会小有帮助("你指的是社交网站吗?"或"改成'社交网站'好吗?")。另一个小技巧是压根就不问,直接修改,标记清楚修改之处及修改原因:

——第 34 页第 2 段:我把"bludgeon"改成了"bludgeoned",保持前后一致。

——第 54 页第 4 行:我删掉了第三个"ornery cuss",这个词组两页中出现了三次。

这个办法好在既然没有询问,因此你也无须等待回答;如果你改错了,作者看到之后会理解问题所在,担心你在其他地方再犯错,也就会主动修正,而不是仅写个"保留"完事。

如果有涉及全书的原则性问题,那么你可以推翻作者的保留意见,用不着事事与其辩论。("按你的要求,我保留了大部分逗号。但是,当须用符号在几个完整句子之间做分隔时,除极少例外,我都使用了分号或句号。如果你觉得接受困难,请随时沟通。")如果作者因不理解而拒绝接受你的编改,那你同样要把问题讲清楚。("我们不希望读者——甚至评论家——从你的措辞中读出性别歧视。")

在不同的编校与制作阶段,你有时要放弃某些坚持,有时又须回头重新处理这些问题。("关于'前言':我觉得我们应该在介绍中加上一句,解释为何会把它放在书后。")如果作者不肯让步,你就要表现出更强的决心与坚持,但是尽量给他一点空间,以便他做出决定。("你好——提醒一下,只要前言问题一解决,我们马上就可以定稿付印了。还有别的意见吗?")

我发现,在对付难缠的作者时,自嘲和幽默虽然常常十分管用,但除非你确定别人也能准确理解你的幽默,否则还是尽量避免吧。① 有些作者能接受对文中小错打打趣,或许还很享受天才不拘小节式的自我形象。("这一部分中你的缩写显得有点——恕我直言——怪怪的。希望你别介意,我仔细检查后做了统一修改。")

如果你准备用开玩笑的方式来缓解坏消息的冲击,那么更要极其谨慎。我曾写信告知一位作者,设计师、印刷主管和我讨论后决定,只能实现两个改动,毕竟她提出三条修改意见时印刷制作已接近尾声。在邮件中,我随口承诺她以后再版肯定第一时间落实第三处改动,然后还给她讲了讲上次聊过之后发生的一些趣事。我自以为跟这位女作者很熟,我们已经为这个出版项目合作两年多了。然而她不仅对我们没做第三处修改非常气愤,而且还在回复我时抄送了好几个人——转发的原信里还有我给她讲的那些蠢事。我的幽默没逗笑作者,甚至还让我自己在同事面前出了丑。(至于她转发我邮件的问题,我们后面讲到邮件管理时还会提及。)

最后,如果你有能力跟作者电话联系,那么碰到困难就可以打电话过去沟通。不是所有人都有能力做到这一点,我就不能。但如果你擅长此道,那么电话交流会比书信往还更容易令你与作者交上朋友。写封邮件确定电话沟通时间,这样双方都可以事先做好准备。交谈尽量周到,可以提前想好要点。首先,这可以预设作者愿

---

① 在我的经验中,大部分作者、大部分人,都有幽默感,即使他们看上去不苟言笑。有位作者写了段话给我,我猜很可能是打算试探我能不能理解其中笑点:"南方的小酒馆里,他们只要看见冷漠审慎的外国人走过门口,就一律开枪击毙。"

意进行友善专业的沟通；其次，让对方觉得你重视这个项目，并且通情达理；第三，明确你并不打算独断专行。感谢作者——感谢什么都行——再夸夸作品。在不重要的问题上，让他自行决断，比如说："最后这几个小问题，你觉得我们处理得可以吗？要么本周我把问题整理出来发个邮件给你，要么你再重校一遍全稿，你看怎样办更合适？"如果你特别真诚，语调间充满合作愿望，那么你的声音会让作者感到，自己在跟真实的人打交道，这一点会让他未来的反馈更用心。你也很可能会发现，一个在返校稿上看起来极其暴躁古怪的作者，可能是个隐藏很深的搞笑怪人。最重要的：通话时做好日期、时间等记录，之后再发一封感谢邮件总结要点。

这些策略的美好之处在于，它们给了作者第二次机会接受你的编辑意见，而无须陷入过多争论。很多时候，棘手难缠的作者会采取防御性姿态，只是因为他们看不到也不理解问题所在，不熟悉语法，对编校规范更是一窍不通。他们缺乏信心与能力去自我阐释或自我辩护，只要你稍一进攻，他们就会投降。就算并非如此，但是通过亮出观点，你会得到两种结果：或者把事办成，或者把作者的反对意见明确记录在案。

选择战斗

我们都有一个共识，即文字编辑没有拍板叫停的权力，那么有些时候后退一步其实反而是有利的。每个编辑都有自己特别在意的某些点，但是当情绪影响工作的时候，就有必要重新审视造成这些情绪的原因了。扪心自问，看看自己是否太拘泥僵化，为规范而规范；看看这些规范是否真的有益于文本与读者。

如果作者不断找麻烦，那你不如先放弃那些不重要的小规范问题,专心于逻辑混乱或表述不清,而不要因为冒犯或违规而死钻牛角尖。

求助权威

要知道,你并非孤身一人。如果你跟作者发生争论(或者更好的情况,发生争论之前),那么别忘了求助于手边的工具书。工作中,当你预感到某些编改决定可能误导或激怒作者,尤其是从作者的写作习惯中看得出编校文字或许与其风格不太匹配时,要及时调整策略。评论或文内批注能起到厘清的作用("Pope Benedict; the pope;据《芝加哥手册》8.25")。但不要过于频繁——出版社雇你工作,并不是为了让你时时处处做记录以为自己辩护,而且充满悖论的是,如果你不得不这么做,又会有损自己的声誉,因为频繁求助权威会让你看上去缺乏知识自信与判断力。这个办法最好只用两次:项目开始之时,然后再加深一次印象——你对工作有把握,并且拥有权威依据。一旦你表现出行之有据,那么作者也会感觉得到;你都不需要反复强调这一点。("除某些涉及局部一致性的特殊情况之外,100 以下的数字我都会写成拼写形式。")如果能养成在校样后面附上编辑记录的习惯,你会给自己省去许多麻烦;分条列项特别有效,如"middle-class(形容词);middle class(名词)"。

如果书本资源帮不了你,那你还可以去找人力资源。就算冒着把所有柠檬都夸大成柠檬汁的风险,我也要重申一次文字编辑地位卑微的好处:对付不讲理的作者时,如果需要帮助,我们总能找到某个人来撑腰。但这样的情况,你不会希望常常碰上的。主管编辑们没时间替文字编辑耗神费力,就算你自己处理不了,他们也不管。但是偶尔向他们求助还是管用的,毕竟必要时替你解决矛盾也是他们工作的一部分。［我在芝加哥遇见的第一位主管编辑与职业导师，是杰出的玛格丽特·马汉（Margaret Mahan），她曾经被一位无理取闹的作者给惹怒了，直接回敬，斥他胡言乱语——尽管事后谈起时，她也承认这种做法并非首选。］

最后请记住，有的时候你拥有决定权。是的，作者拥有署名权，但是作者无权冒犯或误导读者、破坏英语语法规则、隐去出处来源，更无权拉低出版社的水准。他的合同中明确写着，在不涉及内容实质的前提下，出版社有权做出最终编辑决定。但是，不要投机取巧：不告知作者即自作主张修改书稿，这也是不公平的。［"我按照协商结果做了所有修正，但我担心切尼（Cheney）的谈话引文缺少出处或解释，我只能采用我们之前讨论过的转述版本了。"］大多数作者都不会去告出版社的。

答：正式文字中，除非作者在写作中遭到人身攻击被逼无奈，我们才会破例允许同时使用问号和感叹号。否则，绝不可以。

5　迷途的烈士：与逗号缠斗终身

问：句号后空两格的问题。身为一名美国海军陆战队队员，我深知对的就是对的，而你大错特错。我郑重声明，从美观的角度讲，句号后面空两格更合适。如果你仍旧执迷不悟，那我只好请求指挥官允许我带着海军陆战队士兵去征服你们，推行我的规范。汝必置二空于句号之后。句号。**永远真诚**①。

纠正者

文字编辑对"正确"的迷恋没有限度，正如《芝加哥手册》问答"栏目读者来信所表明的：

问：哪个正确？"找出谁是你们部门主管"还是"找出你们

---

① 永远真诚（Semper fidelis），美国海军陆战队座右铭。——译者注

部门主管是谁"?

问:我们能用"**因为**"开始一句话吗?我现在开始理解那句俗话了——"我们不能用**因为**开始一句话,因为**因为**是个连词。"

问:我碰上了一个比较罕用的句法结构:"我们很专注(focused against)。"我一般都会写成"focused on"。能否告诉我哪种用法是正确的?①

从什么时候开始,我们把英语当作一种极为严格刻板的语言,只有唯一一种正确的表达方式?从什么时候开始,前后一致成了颠扑不破的原则,必须贯彻到细枝末节的每一个表达?读者来信表现出了一种对所谓"放之四海而皆准"的正确性与一致性的痴迷,时刻准备着把所有文字都改成单调乏味、机械呆板的统一模式。

主张主义

如果经常浏览语言语法网站,那么你一定会注意到"规范主义者"(prescriptivist)与"描述主义者"(descriptivist)之间历史悠久的语法学争论。概括而论,前者常被诟病极力维护专断僵化的英语语法规则("无论何时何地,一切皆以语法书为准"),而后者则据说致力于在语法中融合千变万化的日常生活语言("如果人人都这样说话,那这样就是对的")。这两种概括其实都是错的,对我们毫无帮助。

---

① "谁是主管?",或"主管是谁?"都可以。用"因为"开始一句话?可以,这是标准的、经典的、完美的英语语法。"focused against"?介词选择多种多样。"against"或许并不是常见的用法,但是能说就错了吗?它是不是方言用法呢?你查过吗?弄清楚这些问题之前,你确定你真的要改吗?

语法学家与语言学家们认定正确或标准的准则各不相同,对规范主义或描述主义也各有侧重,两边都有足够的学理研究支撑论证:历史佐证、论述分析以及文史范例。但是就语言的适用性而言,大多数人都有一个共识:学术出版物中那种庄重正式的语言风格,用在博客随笔或诗歌中并不恰当。他们知道,将单一语言范式强加给所有使用者是极其荒谬的,这不仅不能促进语言发展,反而是严重的阻碍。

但"主张主义者"(assertionist)完全不这么想。法学教授尤金·沃洛克(Eugene Volokh)曾评论道:"这些主张主义者,他们不仅号称所谓权威认定的语法规则决定了'正确'英语的标准,而且就算面前摆着所谓权威论述时,他们也依旧能够坚定不移地顽固不化。"①

主张主义者以思维僵化为荣。一个突出例子就是编校规则允许并列词组中"and"前可加逗号隔开,如"lions, tigers(,) and bears"。芝加哥规范习惯加逗号;美联社规范则不加。但是如果你上网搜索"序列逗号"(或"牛津逗号""哈佛逗号"),则能找到无数愚蠢的例子,狂热拥护这种或那种规范,全然不知不管哪种规范,都不是绝对的,而且也不能保证绝不犯错、不出乱子。②

可悲的是,这样的文字编辑极其热衷于把规范强加到别人的稿子上,却并不知道他们恪守的规范其实争议重重,甚至早就被废止

---

① Eugene Volokh, "Descriptivism, Prescriptivism, and Assertionism," *The Volokh Conspiracy* blog, October 4, 2011, http://volokh.com/2011/10/04/descriptivism-prescriptivism-and-assertionism/.

② 有名的例子:"本书献给我的父母、安·兰德和上帝(my parents, Ayn Rand and God)";"她邀请了她父亲、米特·罗姆尼,以及教皇(her father, Mitt Romney, and the Pope)"。——原注

第一个句子"and"前无逗号,第二个句子"and"前有逗号。——译者注

了。在"《芝加哥手册》问答"栏目收到的许多问题中,提问者都因眼看着印刷品质量不断下降而忧心忡忡。他们写道:"我发现印刷品中错误越来越多了。""这跟我所知道的完全不一样。""这条规范什么时候改的?"

这些幽灵问题与人为麻烦的折磨纠缠,令编辑们在实际工作中变得沮丧被动,但这不是给《芝加哥手册》写封抱怨信就能解决的。首先,当你干劲十足地把每个残留的"which"都换成"that"时(你错误地认为这在所有情境下都极为重要),其实很可能忽略了更严重的潜在问题。你可能也注意到了这种现象:似乎改得越多,毛病越大。作者会在自校中指出你的错漏,而你简直不敢相信自己会犯这种低级错误。你会发现在前一句中,你两次把**"due to"**换成了**"because of"**。放弃皮洛士式的胜利(Pyrrhic victory)①吧,你已经顺利驶过了悬垂分词的崖礁。

其次,如果校样上充斥着无足轻重又适得其反的小编小改,会很容易激怒作者,并让人觉得你的判断力浅薄低劣。而当作者认为编辑能力不足无法胜任工作时,他自然就会着手恢复原文。一瞬间,你就成了敌人——而你之前所下的功夫也都像水中婴儿一样被泼走了。

归根结底,这一切都告诉我们,务必精通业务。除了学生时代或新人入职时所学的那些规范之外,你最近可曾读过任何一本最新出版的语法书?当你打算跟你喜欢的作家就违规错误激战一场时,请三思后行。你能找出一条以上的权威论述作为辩论依据吗?〔汉斯特鲁普夫人(Mrs. Hangstrup)在1980年演讲中所说的不要以介词

---

① 皮洛士是古希腊伊庇鲁斯(Epirus)国王,公元前279年率军打败罗马人,但自己部队也遭到重创。皮洛士式的胜利,意即杀敌一千,自损八百。——译者注

结束句子,是个例外。]如果我的追问让你觉得不安,那请继续往下读。①

讨厌的规矩

我们学到的规范是否早已被专家否定,这其实并不重要;如果我们认为读者会判定某处为错,那我们就绝不该容忍它存在。编校规范与语法规则总在变,读者的接受与认知也在变,但关键在于知道如何判断某一用法或结构能否为我们的预期读者顺利接受。毕竟,编辑必须保守稳健。游走在语法规则边缘并不是什么好事。

正因如此,我们引入继续教育。若想胸有成竹地做出抉择,我们就需要不断**阅读**。编辑需要知道的是,语言学家不但没有被"they"作为单数人称代词的用法激怒,反而相当赞赏——不管你同意还是反对。那么,该如何了解语言与书写方式的发展趋势呢?语言研究著作既有趣又有用,但这些作品又常常因年代久远而古旧过时。跟上时代潮流的关键,就是在线阅读与利用社交媒体信息。后文我们还会详述这一点。

---

① 我喜欢亚瑟·普罗特尼克(Arthur Plotnik)关于随意拒用被动语态的观点:"对斯特伦克与怀特(Strunk and White)一知半解非常危险。有些编辑草草读了点《规范要素》(*The Elements of Style*),就急着要去把'呐喊被全世界都听到了'改成'世界上所有人都听到了呐喊'。"亚瑟·普罗特尼克:《编辑要素:编辑记者现代指南》(*The Elements of Editing*: *A Modern Guide for Editors and Journalists*, New York: Collier/Macmillan, 1982),第3—4页。——原注
《规范要素》,作者为斯特伦克与怀特,全面精确地为英语写作制定了规范与规则。本书也常被人用作者名字指称,就叫作"斯特伦克与怀特"。——译者注

愚昧的一致性

永远不要对文字编辑说，全书前后一致是头脑狭隘的小矮妖①。首先，任何知道这个典故原句（愚蠢的一致性）的人，都明白爱默生说这句话时，根本不可能想到"website"中间是否要加连词符的问题；其次，我们纠正的大部分错误搭配也算不上愚蠢。更重要的是，不管刻板印象如何，优秀的文字编辑总能厘清一致性的界限。

前后不一致会令读者分心，产生误导，影响理解，因此消除不一致是编辑工作中重要的目标之一。我们寻找的错讹如下：

- 句内时态改变
- 同级标题格式不同
- 同词拼写异体
- 按字母排序混乱
- 同一术语缩写不同

但在另一方面，有时一致性又并非必需，甚至会造成误导。诚然，有些情况是无可辩驳的：没有人会为了追求一致性而把数字全拼写出来，无视数值大小；也没有人会次次写出人物全名，而不管此人出现多么频繁。但是，在这里我想谈谈之前讨论过的一些不一致案例：

- "or" "and"与"because"之前的逗号
- 间接引语动词时态（如：Aristotle says, Ringo wrote）

---

① 语出爱默生：愚蠢的一致性如同头脑狭隘的小矮妖。——译者注

- 同一文稿中不同列表的标点符号
- 引文时使用逗号还是冒号
- 脚注中的引文格式与正文中的引文格式
- 引文开头字母大写还是小写

下回你跟人辩论一致性与正确性时,请记住,机械追求正确性而不思考是否有助于提高书稿质量,一定是不可取的。"局部一致"——亦即读者目力所及的文字中编校规则必须一致,否则就会导致破坏规范——其实可行性更高。有必要死耙书稿,在每一个**"too"**前面填上逗号吗?这样的事不如就留给小矮妖们做吧。

打破规范,别打倒编辑

文字编辑的提问常令我挠头。但是最令我困惑的是下面这个问题:"在这种情况下,如果我事事都按规范来,就会生出无数废话和麻烦。我该怎么办?"

美国文化——或教育、宗教、育儿等一切——究竟哪里出了毛病?怎么会让一个原本正常、聪明的人需要专门求助权威,询问"我是否该打破规范"后才能做出决定?

一位在做尾注的研究者询问,标出版地名称时,除城市名外,是否还应加上州名。他的"规范指南"说如果出版社名称所指明确,就无须添加州名(规范 1),如弗吉尼亚大学出版社。但是为了贯彻一致性(规范 2),他就必须**所有**州名全不写。然而,这样读者又会把俄亥俄州的伦敦(London, Ohio)误认作英国伦敦。这该如何是好?

有位编辑在做索引时遇到一处参考文献,其作者的署名只有名字(first name)首字母,而未拼完整。但索引中其他作者名字均写出了完整形式。编校规范要求使用完整拼写。就这样，一致性问题出现了。她该怎么办？我想回答她，这时该如何选择？编一个名字吗？删掉这条引文？把索引中全部 437 位作者名字全部改成首字母？他们为什么非得做这种要求？

我来告诉你为什么：因为对大多数作者与编者而言，编校规范就是我们的工作重心。我们就是干这个的——我们接过书稿，在编校规范的磨坊中把它打磨整齐，我们决不会停下来质问，逻辑、理性与**读者**是否得到了应有的对待。首要的问题永远是"规范怎么说"，而不是"怎样更有效""怎样更合理"，或——想都不敢想的——"我能打破规范吗"。

我们有权打破规范。

当然了，把"规范怎么说"当作最重要的问题是没错的——只要它不是唯一的问题就没错。归根结底，充分理解编校规范是我们帮助作者避免错谬的最佳工具。请注意，我所说的"**充分理解**"规范，并不意味着把规范倒背如流就万事大吉了。充分理解规范背后隐含的意义，才能给你力量，让你能在深思出更优方案时勇敢抛弃规范，也能在必要时刻替规范做出更有力的辩护。

前不久，我给文字编辑新人们做了一次讲座，就"知识就是力量"的理念进行了较深入的阐述。文字编辑有权选择如何使用手中的权力。他们可以挥舞着编校规范，拥有对作者说"不，你不能"的权力；他们也可以为了帮助作者打磨出伟大作品，而拥有打破规范的权力。

现在你知道，我会把第二种选择形容为"叛逆的"，但我也希望你同时明白，这并不是真正的叛逆。选择第二种权力：你的生活会更美好。

动动脑子

　　问：针对术语缩略形式，《芝加哥手册》10.3 规定，"该术语首次出现时必须写成完整形式"。请问，如果该词完整形式首次出现是在脚注或图注中，那么正文部分中它首次出现时，是不是就不需要再次以完整形式拼写了？

　　问：在文本中使用作者姓名，如"约翰·史密斯（John Smith）说"，是像我举例一样使用全名（名字加姓氏），还是只写姓氏即可？

第一个问题是个好问题。提问者愿意遵循规范（"首次出现时，必须写成完整形式"是个硬规定），但规范并不清晰：脚注或图注中——很可能用小号字体排列或干脆被排到另一页上去了——首次出现能算"首次出现"吗？还是说只有正文中首次出现才算数？

然而麻烦在于：（1）提问者没有思考规范背后的逻辑；（2）她所关心的是技术细节，而非服务读者。

如果她能用个几秒钟想想，**为什么**要规定一个不常见的缩写词需要在首次出现时（而非在后文中）写成完整形式，就会顺理成章地得出下面的结论：延迟标注会令读者感到糊涂又恼火。搞清楚了编辑工作的目标——确保读者不被陌生缩写干扰阅读，问题就变得很简单了：只要缩写首次出现，无论哪里，都**应立即以完整形式标注清楚**，必要时甚至可以标注两次。

坦率讲，第二个问题令我绝望，尽管我常会努力让自己相信，提问者或许没能把问题的来龙去脉表述清楚。但即使如此，仍然很难想象他为什么不能稍稍花点心思想想这个问题："规范要求不得单独使用作者姓氏——或要求每提必写全名,这合理吗?""我这辈子从没在书里见过全名与姓氏混用吗?"我相信提问者有办法找出答案——他的办法就是写信询问《芝加哥手册》。反正他绝不打算动动脑子。

过分追求遵守编校规范,会让我们渐渐忘记,为了编出一本清晰晓畅的书稿,究竟什么至关重要,什么微不足道。当作者与编者不再能够独立思考时,他们便将不断寻觅等待他人的指导。这样的恶习不但阻碍理解、浪费时间,而且对读者没有一丁点好处。

无可否认,编辑当然要花费大量时间查阅核对。我们学识有限——这没什么羞于承认的——许多时候,我们都需要查阅资料才能准确地编好稿子。这也引出了下一个话题:能干的编辑知道去哪找答案。

查阅核对

没有什么事比找不到东西更让人闹心了。但是至少大部分情况下,我们知道自己要找什么——钥匙、狗、车——而且我们也知道要找的东西确实存在。

查找编校规范或语法规则比找东西更难。我们并非总能确认规则一定存在,甚至都不知道该叫它什么,这些都严重阻碍了我们找出这些规则。读了这么多年"《芝加哥手册》问答",我总结出了提问者找不到规则的几点原因。

他们根本就没真查。 如同找不到袜子就哇哇大闹的孩子,他们写道:"USA Today 的复数形式该怎么写?'我买了两份 USA Todays'吗?我查了一圈,没找到斜体字(italics)的复数形式该怎么标。"心平气和的时候,我会手把手地教他们如何在搜索框中输入

"斜体复数格式",或指点去"斜体:单词的复数形式"或"复数:斜体词语或斜体短语"①条目下查找规范。

他们不知道查什么。我能理解,因为我也常常遇到。"I wanted to speak with who(m)ever stole the Twinkie",这句话里该用"whoever"还是"whomever"?这种现象的语法术语是什么?你去参考书里哪个词条下面查?(别着急——本章结尾我们会找出答案的。)

规范压根就不存在。一旦用尽浑身解数仍无济于事时,我便会开始担心,是不是自己钻了牛角尖,对人所共知的某些无可辩驳的基本规范视而不见。我会提醒自己,或许根本就没有什么规范。我也希望能有这么一份所谓的规范清单,以回答"问答"来信常常要求我们确认的东西,比如规定前言中不得使用插图,或"said Julie"必须全部改成"Julie said"什么的。

与普通读者相比,文字编辑的优点在于知道如何进行基础研究,而缺点则是常会过于自信。他们会不做核查就直接质疑,向作者提出毫无意义的问题:

——第6页第3段:"emic"和"etic"是作为后缀使用吗?那写成"-emic"和"-etic",加个连词符好吗?②
——第8页第1行:"obtains"后面是不是少了一个词?③
——第9页第2段:下面这句话:"一条画在历史学家小路

---

① 《芝加哥手册》第16版,第7.11条:"如果斜体词组——报纸名、书名等——使用复数形式,'s'一般应用正体(roman)。标题已包含复数形式者,可保留斜体不改。如有歧义,应修改表述,避免使用复数形式。"
② "emic"和"etic"是人类学术语,不是后缀。
③ "obtains"可以作不及物动词使用。

上的红鲱鱼"(a red herring drawn across the historian's trail)——鲱鱼能被画在小路上吗?①

但是现在,我积攒了好多查询核对经验,因此,我可以作证:跟所有技术一样,查核技术也是熟能生巧。当你无法确定查什么时,可以试试下面这些查询语法及编校规范的小办法。

查询最新词典或用法手册。字典不是仅仅用来释义的。很多编辑(比如我)都是靠着语言直觉讨生活,并未受过良好的专业语法训练。权威词典中的范例能把模糊的概念具体化为术语,比如在给定的句子中"as"是副词、代词还是介词。翔实细致的用法说明与讨论能够解决常见的争议问题——比如,自古以来,"since"就可作为"because"的同义词来使用。就算你没找到答案,词条释义与例句中的标签与术语也会指引你去相关材料中查找。《加纳现代美语用法词典》(Garner's Modern American Usage)等用法手册还会提供交叉索引来帮助查找(例如:"mode of operandi,参见 modus operandi")。

在线搜索。当不确定自己所要查询的语法术语是什么时,只要在浏览器里简单输入关联词即可。我使用在线查询的频繁程度是非常高的。为了替"I wanted to speak with who(m)ever stole the Twinkie"这个问题找答案,我用谷歌搜索了"whoever 还是 whomever"。快速浏览搜索结果后,我在某个平时常用的可信度较高的网站上找到了一篇文章。文章解释道,在该句法结构中,"**whoever**"是正

---

① 《韦氏大学英语词典》(第 11 版)"red herring"("红鲱鱼")词条:"为引开猎狗而在小路上画下的红鲱鱼,指的是混淆视听,模糊问题的真正焦点。"

确的用法,因为它是动词"**stole**"的主语,而非介词"**with**"的宾语。①就算初次搜索结果没能给出答案,它们也很可能会指出某些术语,以帮助你继续进行搜索。

一旦知道自己要找什么,你就可以直接去在线语法或编校规范网站及论坛进行查找了。只要在搜索引擎中输入"在线语法",即可进行查询。可以先从大学网站开始试水,芝加哥大学写作课程就有导览网页,一个网站会引导你找到其他网站。(请注意,有些论坛只对会员或订阅用户开放。)

请教朋友。在良好的企业文化氛围中,我很幸运地遇到了一群博学的同事,他们能包容我突然出现在某位同事家门口,说:"我记不清语法规则,不知道术语怎么说,但这个究竟该放在前面还是放在后面?"那位同事会告诉我:"哦——放在前面是对的。"每个编辑的必需资源清单上,都应该包含这么一位能互相帮助、彼此切磋的懂语法的小伙伴。

答:身为一名美国海军陆战队队员,你可能身怀某种绝技吧,但这绝技肯定不是编辑规范。**安于现状**②。

———————

① "with"的宾语是整个名词短语"whoever stole the Twinkie"。Neal Whitman, "Whoever or Whomever: Learn the Rule (or How to Avoid the Issue),"*Quick and Dirty Tips* blog, June 18, 2015, accessed April 19, 2015, http://www.quickanddirtytips.com/education/grammar/whoever-or-whomever? page=1.

② 安于现状,"Status quo",同样是拉丁文,作者以此回敬来信中的拉丁文座右铭"Semper fidelis"。——译者注

6 亲爱的作者：这一章为你而写

问：我博览群书，现今正在创作自己的小说。我读过的许多作品，作者都爱用"had had"与"that that"。比如说："他养(had had)这条狗养了十二年，人人都知道那(that that)才是他不愿意把狗交给动物管理局的真正原因。"我不知道这种用法是否真正合乎规范，但我觉得从纯粹审美的角度看，这显然谈不上有文采，所以我在写作中一直避之唯恐不及。请问有相关规定吗？难道是我的想法太奇怪了吗？

单独开一章写作者，这原本在本书计划之外。有些文字编辑甚至会觉得，树屋上要是不钉上一块"作者禁入"的牌子，咱们的秘密叛逆俱乐部就不太像回事儿。但是在写作过程中，作者朋友不止一次表示他们也有意读读本书，这让我极为惊讶。我反复劝说，他们应该去读组稿编辑（acquiring editor）或项目开发编辑（developmental editor)写的书,而不是文字编辑的作品。① 但他们说我说的不对。

可以想见,作者对文字编辑感情复杂,他们满心好奇,又忧心忡忡。他们想知道如何调整心态以面对编改,不同意编辑意见时又当如何表达。既然本书的一个要义就是欢迎作者加入我们的俱乐部(既然我有时也会以作者的身份坐在编辑对面),那么从作者的角度来谈谈,也算是顺理成章吧。

交稿法则(Acts of Submission)

时不时地,就会有作者在交稿时,暗示可以直接跳过文字编校阶段,并保证稿子已经被精读过几次了。某些作者也曾知会我,说在交稿前已经自行请过外编校对了。诚然,某些书稿的确几近完美;但是,在我的编辑生涯中,一本稿子是否需要编校,与它是否被同事、下属或子女看过以及看过多少遍并没有多大关系。我敢说,如果现在从图书馆架子上随意拽几本图书或杂志文章出来,扫描成清样发编,大部分文字编辑一定能在其中挑出不少错漏。

怎么会这样呢?

首先,各出版机构的习惯、标准与编校规范各不相同。就算规范一样,文字编辑的个人偏好与知识结构也各不相同。例子很多。加不加逗号,就足够辩论起来没完了,两个编辑分别给同一段作品加标点,最终结果不太可能完全一致。在某种程度上,可以说编辑

---

① 组稿编辑负责发掘作品,签订出版协议。如果一个选题尚未进入出版流程,组稿编辑可能需要在签约之前或之后协助作者开发选题。他也可以把选题转给项目开发编辑(developmental editor),由后者来分析项目、沟通作者,把选题最终开发成出版项目。这两种编辑也可能兼任一部分文字编辑的工作,但是这种情况不多,也不太稳定,毕竟他们还要把控更宏观的问题,他们相信文字编辑稍后会重新细校稿件的。

工作有很强的随意性与主观性。一个编辑认为没问题的,换个编辑可能就有问题了。他用眼睛看,她用耳朵听,各有各章法。这位编辑看重逻辑与流畅,那位编辑紧盯语法,还有一位犹如溺爱孩子的老母亲,除了那些最明显、最说不过去的毛病,什么都能忍。

就算所有编辑都拥有相同的职业敏感与专业训练,编辑工作在本质上仍然是一种多线作战的状态,需要对书稿进行多校次阅读——事实上,编辑一般来说都会不止一次编读书稿,一个校次宏观把握,其他校次专注细节。无可否认,在编读中,我们也会不时被更感兴趣的部分转移注意力,也会忽略或漏看,把重要问题错当成无关紧要。

我想说的是,任何一本作品你编两遍,两遍结果不可能一模一样;而无论你编多少次,都不可能令作品无懈可击——就算是终校,编辑也不会认为达至完美。[一位供职于著名儿童杂志的管理编辑(assigning editor)曾给我讲过她的闹心事儿。她手下有个编辑,一本稿子编了三遍,还在锲而不舍地挑错。"别老挑错了!"她都嚷起来了,"像个编辑的样子吧,就那样吧!"]

无论交稿质量如何,书稿之所以必须进行编校,第二个原因在于,书稿要为排版做好准备。尽管我们会给签约作者发格式或规范指南,但几乎没有哪个作者会严格执行要求。文字编辑的大把时间就花在清理字体花样、消除奇怪的引文格式(如每行开头都键入符号标签那种),以及去掉无视指南、擅自在稿子中加的自以为有用的任何玩意。在电脑文字处理方面,作者们的创造力是无穷无尽的。刚有个人电脑那会儿,一个同事给我看过一本包含 350 个 word 文档的书稿;每写完一页,作者就立刻再开一个新文档。今天,"引文建筑师"(Citation Builder)①之类的小程序就是文字编辑的大敌。虽然

---

① 一种文字处理小程序,只须键入引文,即可自动转换成规定格式。——译者注

它们其实很好用,然而几乎没有哪个作者真能搞清楚究竟该怎么用;结局远非完美,而是——一如既往——一团糟。但是,就算作者们严格执行要求也无济于事。这些作者指南,其原意也不是要把稿子做成一份能直接付梓的校样;它们的目标其实只是希望尽可能减少编辑的清理工作量罢了。

因此,你交稿时——就算其中有些部分曾经出版过——请做好准备,编辑一定会指出需要修改之处。当我们说不要把编改视作"个人恩怨"时,你要明白这就是个中原因。文字编改之处多不多与你是不是好作家毫无关联。

如果你的作品涉及专业领域或者比较小众,那也请做好准备,你的编辑很可能对该领域并不熟悉——甚至可能一无所知。如果你足够幸运,她或许曾经编过相关题材的图书或文章;但是如果从未涉猎,她也会欢迎你提供一些相关解释和惯常用法。(比如说,"术语'improvisative'不可改作'improvisational'或'improvisatory'";"请不要不经询问改动地名拼写,事关政治"。)

无论何时,只要书稿进入编辑流程,你大可以直接询问谁是责任编辑,主要编改方向是什么,以及反馈与沟通方式,等等。如果你担心害怕(除了"编辑能力不足让我恐惧"以外),那么,把这种忧虑说清楚,或许会有助于你的编辑及时调整工作策略。

既然如此,交稿之前,真有必要花费时间与财力先雇个文字编辑审读吗?这就要视具体情况而定了。一方面,如果你觉得自己的文字已经足够优秀了,那就没必要再花钱请人编改格式,毕竟不管怎样,出版机构仍会重改成另一番模样。但另一方面,如果你的读者在书中不断遭遇错别字,乃至忍不住在字里行间写下"什么?"来质疑时,那么找人提前编改解决问题可能会对你的作品大有助益。

交稿之前寻求专业编校帮助,还有其他几个充足理由。如果你需要核查引文出处，却又不能确信笔记与参考资料是否准确完整、是否符合常用规范（芝加哥、MLA、APA 等①），这时，请一位文字编辑就成了。如果你正准备进军全新的领域，而你的写作建立在假设之上，小小几个差错就会让作品前功尽弃，这时，编辑的严苛目光会帮你找出文中的错讹、缺陷。

你不是排版员

Word 的文字处理功能让人乐在其中，作家们也常暗暗相信自己能胜任平面设计，面对 Word 的诱惑，他们简直毫无招架之力。

如果你自印自娱，那也无伤大雅。否则，自行排版不仅无功，反而有过——而且其危害还不止于在文字编辑看稿前就先把她惹火。

你可能觉得自己提供作品版式设计是在帮编辑的忙，但是出版机构、编辑或设计师，他们或许敬畏你的文学或智识天才，却很可能对你的设计才能毫无兴趣。版式设计是**他们的**事。动手之前，他们还得先把你的设计清理干净。

清理格式看似简单，好像动动手指就一键完事了。然而对于文字编辑来说，可远不止于此。他还要全盘细查每一处粗体、斜体或小写字体的具体用途，再决定能否保留该处格式。

有两种简单的方法可以迅速把文本还原到无格式的初始状态，当然了，作家们肯定不会开心：(1) 就像糊了几层的墙纸一样，你那些花哨的文字格式也可以被一层层扒掉，或者 (2) 就像破旧棚户一样，文字格式也能被推平、重建。这两种方法都并非十全十美，在清

---

① 芝加哥即《芝加哥手册》规范，MLA 规范即美国现代语言学会规范，APA 即美国心理学会规范。三者均是公认权威的常用学术书刊格式规范。——译者注

除格式的同时，它们可能会对内容造成严重损害。

如果你既想保护自己的作品，又不想得罪出版团队，那么在交稿时可以试试贯彻如下几条原则（但是切记认真对照出版商发给你的格式指南——他们或许会把我的建议全毙掉）：

- 问清楚稿件需要使用哪种应用软件提交。
- 使用 Times New Roman 等标准字体。如果你需要使用特殊字体，请问清楚用何种形式提交。
- 确认是否可以使用自动数字编号、字段代码、实时超链接或任何动画效果。提交作品之前，你很可能得把这些东西都删掉或改成普通格式。
- 关掉 Word 系统中的断字（hyphenation）功能。
- 不要动文档右侧页边距，不要调整对齐，避免词语之间出现过大空格。
- 首行缩进建立新段落，不要在段落之间敲空格隔行。出于各种原因，编辑需要看得到首行缩进，尽管某处缩进可能在最终排版中并不会被采用。

提交的文档应整齐简洁，能够确保最终呈现出来的打印稿较符合你的原意。不仅如此，还有另一个额外的好处——文字编辑也会因此而喜欢你。

自校小便签条

尽量客观地阅读自己的作品，这个技巧有人学得快，有人学得慢。那个众所周知的办法当然极其有效：把作品晾在一边，越久越好,忘光了之后重头再读。但不幸的是,这个技巧只适用于那些有余暇的人,身后没有截稿日期追着,或者研究领域知识更新速度缓慢者。大部分作者都没有这种闲置作品个把月的奢侈时光。

作为一名文字编辑,我知道有一些小毛病作者们很难在自己作品中发现,某些可以想见的缺漏,他们也似乎无意调整。

作者们常常忽略的问题:

● **清冗余**。作家理查德·派克曾说,写完一部小说后,他会读也不读,直接扔掉第一章,重起炉灶再写一遍。在他看来,一部作品刚刚开始动笔时,我们几乎无法预知故事将如何结束。写完结尾再来重审开头其实是更合乎情理的,重写会有效清除掉那些无用的冗言赘语。

● **个人癖好**。大多数作家都有自己惯用的词语或短语:的确、绝不、难以置信、最重要的,等等。还有常用的句子结构:"不仅……而且……"一旦你发现自己有这些毛病癖好,就不会轻易忽略了。

● **重复**。文字处理软件导致重复,而老式打印机则会规避重复:为什么要重复自己说过三遍的事?我们常常会碰到一种误操作:明明是要剪切粘贴,结果误搞成了复制粘贴,于是一整段文字只字不差全重复了。

● **不连续性**。虽然这类错误在缺乏技术手段帮助时也会犯,但不连续性仍然可以说是粗陋文字处理软件的一个副产品。移动文本时,有时会需要重新调整才能上下衔接。

那些上完高中就再也没碰过语法书的作家们,反而会乖乖地遵守所谓的规则。因此,我们常会看到,作家们为了服从规则而规避许多并无问题的句法结构。

作者们常做的多余"更正":

● **被动语态**。如果没有造成语义不清、误导或打乱结构,那么合理使用被动语态不但合理合法,而且还会因文采斐然而备受称赞。

● **第一人称**。这一用法是正确的,虽然较正统的学术写作都早已不再提倡作者以第一人称形式出现在文中了。

● **拆分不定式**。① 除此之外,还包括:将介词放在句末,以"and"或"or"作为句子开头,以及残句(sentence fragment)。这些所谓的禁令都是被长期盲从的陈词滥调。

尽管我觉得自己透露的自校秘密太多了,说不定都要让我丢工作了,但其实我压根并不担心。如果作家们更加踏实地清改作品,那么文字编辑们就能够拥有更多时间专注于进一步打磨。编辑的工作效率提高了,最终受益的还是作品本身。

你是那种棘手的作者吗?

棘手的作者就是棘手的人;你可能也知道自己是不是这种人。如果你觉得做个棘手难缠的人,对你来说驾轻就熟且乐在其中,那请继续我行我素。否则,不如稍做自省,试着做做自我诊断。

应该承认,棘手的作者常常也是优秀的作者。为了合理地捍卫作品,他们能够不合理地将编校视为挑衅。

---

① "split infinitive",指在介词"to"与动词之间插入副词的用法。

● 他们心怀戒备。他们从一开始就准备对编校说"不"。不愿思考为何某处修改可能会有所帮助,也无法客观阅读以找出原文中的问题,他们只相信一件事:自己无所不知,编辑就是瞎添乱。

● 他们拒绝解释,独断专行,在每个编校处写"保留",写"不",决然不与编辑对话沟通。

● 他们毫不体谅。比如拼写问题,他们不同意编辑把"Classical"首字母改成小写,全然不顾其实整本书都在使用"classical",而只有这一处破坏了通例。

● 他们极度不信任编辑,质疑所有上下文不一致与细微的格式问题。

● 他们消极抵抗甚或行为粗鲁。一旦文字编辑漏看了其质疑过的哪处小问题,他们不是简单地标记出来或询问编辑,而是立刻就要逼编辑承认能力不行:"我没看出来这里跟你在第1、3段修改的部分有什么区别。"

● 他们对自己过时的语法与编校知识盲目自信,自以为作品已臻完美。

● 他们不理解书写与出版技术,而且一听到就要发火。

● 他们读不懂编校信,不遵守指示,拖延交稿也决不告知编辑。

● 他们会因为印好的书里有一丁点瑕疵就暴跳如雷。

之所以要把稿件提交给他人审读,其原因正在于自校实在是太困难了。作家们需要另一双眼睛来审视作品,因为他们创作时会高度专注于结构与细节,但没有人能同时掌控思维进展与具体细节而不出任何差错。学术著作的文字编辑会在英语教授的作品中发现许多纰漏——而这些教授若是看别人的作品,也必然会准确指出同样的纰漏。

好说话的作家们——就我所知，其实大部分作家都挺和善的——会有理有据地反驳那些值得商榷的编改，他们也会谅解编辑在某一专业领域中的小失误或不熟悉。他们对编校与语法规范充满好奇，也十分乐意学习相关知识。他们会确认截止日期，会提问，会感谢。善解人意的作家们喜欢聊天，喜欢开玩笑，也喜欢激烈争论，毕竟这一切都意味着真正的合作。

等待游戏

一旦你的作品进入编辑流程——一天、一星期，有时可能几个月——你就很难忍得住不去插手了。这可以理解，也不是什么坏事，但是最好还是暂时放手吧。其原因有二：第一，你很可能仅仅是在重复编辑正在做的工作，而且你不停要求他对红纠错反而会浪费时间，因为他很可能早已改好了。第二，保持一定距离，会对作品有好处。你很快就能有机会重读书稿，编辑会把校样发给你审读。如果在此期间你能尽量把书稿内容忘在脑后，那么后面会更易以全新的目光进行重审。

就算你努力把作品忘掉，各种各样的纠正、增添与改进仍然会不断溜进脑海中。想到了就记下来，以备后面自校时修改。问问文字编辑，看他是否同意在编校过程中收邮件。我一直是十分欢迎作者随时联系的，这样我可以参考意见及时调整预设的编校方案。有些编辑则可能更希望作者在编校结束后一次性提出所有更改意见。尽量尊重编辑的意愿吧。

在这个工作空档期，作者有时会对作品主题做个彻底复盘——想要新增文字、插图或附录。倘若非改不可，那么作者有责任立即提醒文字编辑作品有新改动。文字编辑会视改动程度而决定是否要请示上司、管理编辑与组稿编辑。如果新加文字需要专家审读，出版社还可能需要重新调整进度，要求文字编辑在审读结束前先暂停编校。杂志可能会延期刊发稿件，图书发行时间则会从春季推迟到秋季。

编辑流程启动之后，你最不该做的一件事就是在原稿上修改，然后再一厢情愿地寄给文字编辑，以为他有办法把新版本融进原稿。你寄出新版的时候，编辑很可能已经投入大量时间，对你的原稿进行整理、排序与默改，他绝对不想这时拿到新版本，全部从头再来一遍。就算你标出来修改部分，他也要把改动一个个对到正在编辑的原稿上，没完没了地重编、重排与誊写。当然了，如果编辑能忍又专业，那他也有可能忍气吞声，默默消化。归根结底，这就是工作。你是他的第二上帝，地位仅次于读者。他需要想你所想。

但是还有一种可能——他做不到那么专业，从此对你的项目完全失去了兴趣。

（你知道的。）

什么？哪里？何时？

先讲三个真实故事。

作者 A 给她请的自由外编发了一封紧急电邮（标题是"**紧急消息！**"），说她不知道怎么接受或拒绝修订模式下的编辑修改。外编回复说："是的，文档被特意锁定了，我在编辑信里写清楚了。我们不希望你在文档中接受或拒绝修改。来，再看一次吧，这是编改说明……"

作者 B 气呼呼地发信息过来，抱怨编辑校样中找不到任何脚注。我回复他，我把脚注从他那些单独的脚注文档中提出来，嵌入正文，并进行了电子排序。他含讥带讽地回复，说我肯定自以为通知过他。(其实编校信里明明白白写着："我把脚注做成了电子文档，这样可以准确嵌入正文中的相关位置。特此说明，以免担心。")

从作者 S 到作者 Z(从作者 C 到作者 R 的故事我不讲了)对校对接受还算良好——但就是不看我的编辑说明：增加多少字，就要在附近相应删去多少字，反之亦然。有时候，他们会一口气增加几段，可能以为印书时随便往书上粘个胶带就能解决问题吧。

你可能已经发现了三个故事的共同主题："读一遍编校信究竟有什么难的？"

这并不是因为编校说明专横武断或浮皮潦草。你或许会疑心文字编辑总想通过各种方式控制作者，但要求作者阅读编校信与遵照说明修改，显然算不上什么控制手段。编校说明会告诉你如何精准地在书稿中标出修改意见——不仅能让编辑看懂，也能让排版员看懂。遵照说明可以有效避免犯下代价高昂的错谬、延误，以及因增加校次而产生的额外费用。

我的经验是不停敦请作者阅读编校信，"即使你的目光正要滑过"，我会苦口婆心地解释"读信为什么重要"。但是理论上讲，作者惯有的傲慢自大常会引发问题(谁？我？遵照文字编辑的指示？我闭着眼睛都能做好！")，我很好奇，假如我直接写下面这样的话，是不是能事半功倍呢："为免因额外校次而产生费用，请使用标准校对符号。如需帮助，请与我联系。"

好吧，这样说确实太凶了，我道歉。像我这样抱怨，一定会招来作者排山倒海的投诉。这方面的例子多得很。没关系，你也出书讲讲自己的故事呗——到时想着送我一本！

为什么说截止日期是死线（deadline）

写作时，你可以懒散磨蹭。但是一旦你的书稿或文章交付编辑，它就进入更加真实、更加严肃的流程，而这个流程是你完全无法控制的——唯一例外就是当稿子返回你的半场时，你可以延迟发球。尽管大多数作者都希望作品早点印发，为了加快进程，做什么都心甘情愿；但是也有相当多的作者，压根不把截止日期当回事，觉得长期拖延不返校样、不做校对、不核索引，都没什么了不起。

如果你为期刊或短期出版项目执笔撰文，截止日期会铁板钉钉地写在合同里；拖稿的作者会被直接放弃，他们要么叫停项目，要么找人接手。因此，在承诺接手编辑或校对前，请确认时间安排，如果出现意外事件影响编校进度，那一定要提前合理预警。如果责任编辑提前获知了日程冲突，他就能及时与排版、发行重新协调时间，把你的作品挪到另一期或另一季发行。预料之外的项目停滞对谁都没好处。

图书等长期项目，也有足够的理由要求你尊重出版方的日程安排，且与你的项目利益攸关。一旦出版社签下了你的书，每个部门——从编辑、设计到制作、宣发——就都开始着手为图书发行做方案。一本书的日程安排就是各部门相互协调所创造出的小小奇迹，任何一点延误都可能影响出版安排，甚至导致更可怕的灾难。

编校是礼物，不是冒犯

午后回到酒店房间，发现保洁做好了，一切干净整洁、井井有条。你有过那种感觉吧？文字编辑的愿望就是希望让你看到校样时，能感受到同样的清爽。如果你将严谨较真的编校想象成酒店枕头上的薄荷香气，那一切都会显得更美好。我们不希望作者看到清改过校样时，会感觉受到了冒犯。

如果文字编辑给出一个不错的小建议，捋清一段不通顺的文字，提出一个启发思路的问题，或指出论述中的缺陷，这时你会做何感想？我能猜到你的第一反应：这要是我自己改的就好了。几乎每位作者都曾被自己犯过的愚蠢错误惊到过，不敢相信它们居然一直保留到被文字编辑改出来。一位杂志审读曾给我讲过一则名人轶事，作者在文中引用了一名演员的自述，他声称自己曾在大山里徒步了5723英里；而另一位作家在报道中误把裁缝的名字当成了女演员父亲的名字。（因为她撰稿的时候，正好有张裁缝成衣单贴在面前的布告板上。）这位审读花了好几个小时才核查确认出两个人名的关系。

你的第二反应就是怨恨挑错的那个人（对，就是文字编辑——别怕，承认吧），而第三个冲动很可能就是想知道，如果你接受编辑建议然后据为己有，这是否公平。

这当然公平了，我们希望你这么做。看到自校返稿显示作者基本接受了编改意见，对于文字编辑来说，这是莫大的快乐。我得到的最好反馈之一，就是作者看过我的编校意见后，在小说结尾加了一段文字。之前我曾和他坦承结尾令我有些失望，虽然这是唯一合理的结局。改过的段落在保留故事结局的前提下，回应了我的感受。这就是编辑最大的快乐。

我们知道作者不是在真空中写作,你的作品交到我们手中之前,就已经在形形色色的鼓励与批评中改过许多遍了。你完成了最难的部分,研究、组织、思考、写成文字、接受批评、反复修改。你让我们的工作变得简单容易——阅读成稿,挑挑小错。

"他们改我的诗歌……"[1]

如果一切顺利,你会与编校相处愉快。但万一不愉快呢?假如你一打开校样,立即看到编辑完全没看懂你的文字,这时该怎么办?文字编辑改掉的那些表达恰好是你们专业的标准用法。他删掉了一套编号系统,因为他没看出来编号基于相关作品。你选择不做界定的术语,他非要画蛇添足,加上的注解反而会令读者感到既傲慢又幼稚。他把你按照自创语言系统重拼的人名,全部改成了维基百科查到的拼写。

别慌。接着读下去,做好记录。所有改过的文字都能够被还原,你应该相信文字编辑也希望把改错的地方恢复原样。作者自校就是一个沟通与改进的良好机会。编辑很可能在编校信中已经尽量做了解释,他也会希望再进一步沟通。编校格式上的小问题都可以协调。一位研究者兼杂志文字编辑曾告诉我,约翰·厄普代克[2]抱怨完"kidnaped"与"kidnaping"的拼写要求之后,出版方将编校手册中的拼写指导改成了厄普代克喜欢的"kidnapped"与"kidnapping"。

---

[1] 原文为法语"Ils ont changé ma chanson...",这也是一首著名法语流行歌的名字。——译者注

[2] 约翰·厄普代克(John Updike,1932—2009),著名美国作家,代表作品有"兔子四部曲"与"贝克三部曲"等,两次获得普利策小说奖。——译者注

虽然你不是约翰·厄普代克，但你提的意见，也是有可能被编辑采纳。

看到一处令人恼火的编改，想想为什么编辑会觉得此处需要修改。请记住（a）你可能没有遵守出版社的编校规范；（b）如果你许多年都没碰过语法或编校手册了，要知道标准是在变动的；（c）如果编辑读不懂，那读者也可能读不懂。如果你不喜欢编辑的修改，那就想出个更好的方案来代替它。如果你相信原来的写法最切题，那就在编改旁边标上"**保留**"。如果有某些修改你担心编辑不理解，也不妨简单解释一下。

关于全书"一致性"的警告：它并非总是目标。一致性有时是弹性的，甚至可能是错误的。下面就是一些常见的例子：

● 根据不同的语境，可以用字母拼写数字，也可以直接书写数字；

● "and"或"or"之前是否加逗号，规定各不相同（he never drank gin or vodka or milk; he longed to adopt a pet—a dog, or a cat, or a squirrel）；

● 重复单词间逗号可加可不加（yada yada; big, big trouble）；

● 名词前词组加连词符（a well-intentioned memo），名词后词组不加（the memo was well intentioned）；

● 一个词语某处首字母大写，另一处首字母小写（Queen Elizabeth, the queen of England; the math department, the Department of Mathematics）。

在"《芝加哥手册》问答"中,作者们在询问一致性问题时经常提及"永远"或"绝不":"First Lady"永远都要大写吗?"yet"后面真的绝不能加逗号吗?但是读书人与写书人都知道,视语境、意图或读者不同,永远都有各种各样的例外。"局部统一"①是个常用的编辑技巧,即不断微调编校规范,以方便读者阅读。一言以蔽之,如果你能在自己"修复"之前跟编辑商量一下不一致问题的处理方法,则能给双方都省去不少麻烦。

尽管你有时会被那些无厘头的错误编校惹得心头火起,但你最不该做的第二件事情就是大吵大闹地把气撒在文字编辑头上。(最不该做的第一件事是大吵大闹地把气撒在文字编辑的上司头上。)你可以在校样空白处或说明信中写清楚为什么编改是不正确的。虽然对你来说隐忍怒火可能太难了,但也不应该去羞辱、攻击编辑,发火撒气只会令后面的沟通更加困难——尤其是你的意见也有可能并不正确。简而言之,我不否认的确有糟糕的编改,但是结果是能够挽回的。你可以试着相信你和编辑一定能联手解决问题,这样也许更容易得到好结果。

虽然你的文字编辑可能同意按你的意见保留原文,但或多或少总会有一些细节,是她希望跟你进一步磋商的。如果某处编改,你没有反馈,或仅仅标注"保留"而不回答编辑的疑问,那么问题很可能就会出现在这里。她会写信询问你修改方案,你会觉得她的质疑完全是无稽之谈。这样就大错特错了。如果这位身为编辑的读者

---

① 局部统一,是一种根据具体语境调整编校规范的编辑方法。举个例子。《芝加哥手册》要求省略前缀后面的连词符(如"multiauthor"),但多音节词除外(如"multi-institutional")。在句子中,同一前缀在某些词中加连词符,但在另一些词中不加,这也是可以的,在处理某些词时,这种变通甚至是值得推荐的(如"multi-author")。

没看懂，那么其他读者也有可能看不懂，你必须严肃对待。

在正常沟通没法说服文字编辑撤销编改的极端情况下，你可以向他的上司投诉。但请把这当作最后一招，首选当然还是先跟编辑直接沟通。投诉时，尽量不要预设文字编辑智商不高或工作能力低下。如果你的责任编辑是个新手，他可能没多少经验，就算事出有因，也不敢随意打破规则。某些出版机构甚至丝毫不允许编辑偏离编校规范。况且还有一个可能，就是你的要求并不合理。在我们部门，有位作者曾经对组稿编辑抱怨，说文字编辑一会儿一个主意。组稿编辑向作者许诺自己会跟管理编辑一同重审书稿——重审发现，是作者压根不熟悉《芝加哥手册》，所以操之过急，判断失误。作者因看不懂编改而对编辑失去信任，这是常有的事。偏见影响了作者对编校工作的整体判断。不先询问文字编辑就直接投诉，这位作者不仅让文字编辑丢了面子，而且浪费其他人时间去重新审读，最终给自己赢得了危言耸听瞎咋呼的"美名"。

当然了，如果你对编改极为满意，那请尽情说出来——对文字编辑本人说，对他上司说，或在文末或书后致辞中说。没有面对面的接触，我们常常猜不出作者的感受。致辞——或没有致辞——常让我们惊讶。我同事的经历颇为典型：书稿用不着怎么修改的作者，会对他大加赞赏；而他费了九牛二虎之力才改通稿子的作者，却总会对他避而不提。

下面这段话是我的前同事最爱的一段作者赞美："你似乎什么都没改，但又似乎把一切都改得更优秀了。一双巧手就是编辑最好的工具。"另一位同事得到了作者在致辞中的公开称赞："她为我做的修改，仿佛本就是我心心念念要写的文字。然而如果没有她，我或许永远也写不出来。"

上帝做证,文字编辑不求荣耀——但是当我们相信自己的编改确令作品增色时,如果作者也深以为然,那真的会让我们备感欣慰。

答:你知道的,真并不总是指向美。你不奇怪,你是个作家,令你成为作家的特质之一即对丑的敏感。等到你对陈词滥调也产生相似的敏感时,那你就成功了。

第二部分

面对同事,面对自己

在我的工作生涯中,大部分作者都会积极地配合文字编辑解决日常遇到的各种问题。他们对编辑充满感激,看到稿子需要"清理"修整时又会充满歉意。

不,作者不是我们的敌人。要想找到导致我们焦虑失眠的原因,有必要先好好看看自己,细查那些与作者是否接受编校并无关联的工作困境。本书的第二部分,我会转向如何面对工作中的自我与他者的问题。我想谈谈应对日常挑战的种种方式,反思我们为何总会自己给自己挖坑,而其实很多问题往往只要转变态度、重塑习惯就能很容易地避免或弥补。

几年以前,有研究表明,工作人员责任感过强而权力过小会导致工作环境压力极大。(这也有可能是我顺口胡诌的;但无论如何,还是多少有些可信度的。)你们可能会想,这说的就是我们啊——归根结底,我们身上压着责任、截稿日期、枯燥劳动,还有对编校错误的恐惧——担心作者投诉、读者挑错、评论家开麦嘲讽。同时,我们没有权力:截稿日期不是我们定的,编校规范也不是我们编的。在出版世界里,我们地位很低,收入更远远配不上我们所受的教育、拥有的技能与为项目做出的贡献。

如果你正在读这本书,那或许你也是个压力山大的文字编辑。你聪明、敏感、认真,时刻准备着迎战繁重工作,争取用最少的时间圆满完成任务。你熬夜工作,只为了不耽误截稿;你周末无休,全心扑在工作上。你想哭想喊。这可不行,文字编辑不能哭喊。

面对繁难工作的重压,你需要采取一些策略。接下来的章节中,我就要试着讲讲应对策略。

7　难题来了（续）：危险的手稿

　　问：校对时出了大洋相——那种贻笑大方、尴尬透顶的大洋相，你用什么办法自我疗愈？

　　书稿会向你发出形形色色的挑战。它可能包含极其高深的技术性或理论性。它会写到斯瓦希里语（Swahili）或日语、数学方程、复杂图表、神秘符码、内部术语或几百条引文，一切都难以框到既有的编校规范之中。书稿有可能质量很差；有可能使用了让人崩溃的文字处理技术。还有的稿子，巨长无比。

　　但是对文字编辑来说，这就是日常工作。我们一行行地处理问题，如同缝纫机一寸寸地缝线，如果万事顺利，一种尽在掌握的成就感会油然而生。我们会在编校表上写好编校记录；一次一页，我们慢慢建立起了秩序与准则。

　　在我的经验中，书稿之所以会变得"危险"，下面两个原因必居其一。第一个原因:书稿粗制滥造、疙里疙瘩且不断重复;第二个原因:与前一个正好相反,不是漫不经心,而是过分复杂难懂。这两种情况都会令我担心:是否要在它们身上花掉太多时间,是否会因疲倦或急躁而影响编校质量,以及自动校对会不会太草率而出错。面对危险的稿子,我们必须尽力而为、防患于未然,别束手等着问题爆发。

机械任务

在理想的世界中,文字编辑永远不会收到机械的工作任务。在先进的文字处理工具帮助下,我们能够像变魔法一样快速清理许多琐事:编号、字母排序、查找、替换、格式化。但另一方面,我们的作者也在使用同样的工具。这不仅能让作者随意创造出发给我们的电子噩梦,而且给了他们一种错觉:任何要求都能够通过某种方法自动满足。但是你不能仅仅因为作者没有得到图 3 的授权,就要求我们重排 389 个图表编号并一一对应到文中相应位置;不能因为作者写反了,就要求我们手动调换长达五十页的赞助商名单中名字与姓氏前后顺序。你不应该要求编辑把你单独提供的脚注内容,一个个键入电子文本中,或者要求编辑把图表中的横排一条条调换成竖列。

然而归根结底,这些琐碎杂事仍是我们不得不完成的任务。我有三个策略来帮你应对:自动化、委托、重估。

1. 自动化。应对冗长乏味琐事的第一个策略,就是找到一个文字处理捷径。如果遇上必须完成的任务,且这一任务在我看来能够自动化处理,那我宁可花上两个小时找出自动化方法,也不会花一个小时手动处理。因为找出方法,下次就知道该怎么做了。我会查询使用说明、上网搜索,实在不行就去找我的"高手"帮忙。(每个人身边都有这么一位高手——当然不限性别。高手无所不知,耐心无限,永远有空,有问必答。跟高手搞好关系,实在无计可施时再去找他。我有我自己能够求教的顶尖高手;但工作中或许的确存在着某种食物链吧,我相信在某些人眼里,我也是他们的高手。)

如果一项任务无法自动化完成——但又必须完成——我会直接实施第二个策略:把这个任务委托出去。

2. 委托。 如果你有幸在一个作者指南严谨、管理/组稿编辑严格的团队中工作,那么遇上棘手的稿子时,就可以把它们交返"楼上"(芝大社行话)。检查稿子是否合乎出版要求,这是作者的职责。楼上的人会决定能否给重要作者开绿灯;但如果开不了,那我也用不着操心他要不要在笔记本电脑上多折腾上几个小时——实习生和研究生就是做这个的。如果你有幸在一个雇了助理或实习生的团队中工作(且你狠得下心来压榨他们),那另一个办法就是把活儿扔给他们——尽管我一直恪守的原则是,如果某些琐事,不值得我浪费时间,那也同样不值得助理浪费时间。

如果你本人就是实习生、助理或如饥似渴的研究生——那好,我们感谢你。别着急,你的好日子会来到的。

如果你是一个外编,那么可以考虑寻求帮助。你的雇主或主管编辑会与你共情。她或许会认为自己花钱请的人应该把精力放在更重要的编辑任务上,因而同意再找其他人来处理这些案头琐事。在给外编的编校说明中,我要求他们在浪费时间处理琐事之前,一定要先跟我做个汇报。

有些文字编辑会自行雇人定期处理枯燥、专业或过分简单的琐事。如果你雇来的人具备相应的编校知识,那么这样的做法是允许的。你自己的雇主之所以给你发工资,当然是因为他理解且重视你的工作。把工作甩给新手编辑,然后把成果据为己有,这是绝对不应该的。但是如果能确保大部分工作都在你的监督指导下完成，并能为一切后果承担责任，那么你自己的雇主也未必不会同意。

当你把稿子交给他人时——自由外编、助理或作者，请将这种委托当作一种特权，而且不要忘记你还要负起监督指导这一基本责任。即使别人替你处理过的电子文档，其中也很可能隐藏着新错误，而这些错误甚至有可能需要你花掉更多的时间来更正。一旦开始着手处理某个电子文档，那我就绝不会让它离开我的势力范围。寻求帮助的理想时间点，一定是在你开始进行编辑之前，这样你才能保证在编辑进程中不断改正错误。但如果实在找不到一位天使替你完成苦差事，那还有最后一招：

3. 重估。 如果你发现自己没法把可憎的任务转给别人，那不妨停下来细查自己真正的想法。也就是说，这件事真的值得任何人费心费力完成吗？机械任务有时来自粗制滥造的稿子，有时则是因为我们自己一条道走到黑，非要在无须完善的任务中尽善尽美。

任何时候，一旦你发觉自己手里多了一项既浪费时间又难以自动化操作的简单机械工作，请赶紧停下来，仔细想想。那些惹人恼火的稿子是真的一无是处，还是仅仅不太符合传统编校规范？它真的会让读者感到困扰或迷惑吗？问问同事的意见。问问顶头上司，问她是否同意你把时间花在这上面。最后，如果费了九牛二虎之力也推不掉，这个倒霉任务必须完成，而且必须由你来完成——那么，你的彩蛋策略来了。

4. 认命。 接手过来，尽力完成。如果它的确是个劳力不劳心的机械任务，那就给它配上点背景音乐，喝杯咖啡或可乐（玛格丽特酒留着等会儿再喝），埋头苦干，早点做完。自己找点乐子。如果这个任务能够细化分解，那不妨逐个完成，而不必一口气全做完，这样能有效防止累断手腕送医急救。

复杂任务

如果说机械任务会导致精神涣散,那么复杂任务则会导致精神压力超载。它要求你全神贯注,全情投入。假设你正在编辑一本年度报告,所有图表数字引用来源全部标注在脚注中,但脚注编号方式是与正文中其他脚注统一连续编号,而没有做成单独的图表脚注编号。① 这不是什么大事——反正脚注都是电子文本,你把它们剪切、粘贴成两个单独的层级文件,直接电脑自动重新编号不就得了。机械任务,而且并不复杂。没错,然而:假设这两种不同层级的脚注,作者引用文献时选择在非首次提及文献时直接以脚注编号指引读者("参见脚注 198"),且不是每次都标注完整的来源出处[Quentin Dinwiddie, *Zamboni Repair in the Home* (Omaha: Bizboom Press, 2007), appendix 42]。雪上加霜的是,这些引用还是手动敲进去的,没有做交叉链接,只能通过匹配新编号来校正。有点麻烦了吧?那假如标明完整来源的引文,有些出现在图表脚注里,有些却出现在正文脚注里,这时又该怎么办?

我不知道你怎么样,但当我自己面对这种任务时,我就得被迫拼命与恐惧做斗争。深陷无穷无尽的校正之中,我担心自己会脱轨改错,熬夜蛮干,然后最终一步出错,全盘皆要从头再来。咱们就把这种恐怖称作"全销之惧"(Fear of the Major Undo)吧。

全销之惧在人生的其他领域也很常见。我刚当妈妈时,曾加入过一个缝纫小组。追求完美的缝纫发烧友,真是令文字编辑相形见

---

① 有人能立刻理解我说的问题且感同身受;不能理解的各位,希望你们记住我的例子,这种做法最终会带来大麻烦。

细。只要有一丁点差错，他们就会毫不犹豫地拆掉几个小时的针线，一切从头再来。过程才是关键，花多少年做完都不成问题。缝纫发烧友对自己的完美作品极其自信，甚至发展出了一个传统，即要在缝纫作品中刻意留下微瑕，以免因过于完美而冒犯神明。我刚加入小组时，还远远不是个耐心细致的女裁缝。（如果我妈妈在旁边，你可以问问她，她一定会爆笑。）我的伟大目标是在这个团体中培养起耐心——耐心缝纫，耐心生活。最后，我还真的凭针线得了一枚"禅"耐心奖章。

不幸的是，这方面的耐心并没有覆盖我生活的其他方面。再看一遍编过的稿子以撤销或重编，什么事也赶不上这个能让我崩溃。除去枯燥乏味与浪费时间，更痛苦的是你必须以做出编改决定时的耐心与细致来撤销掉决定，而这几乎是无法完成的任务。我注定会看漏看错，这意味着有可能会把原本正确的地方改错。在我看来，复杂任务就是大概率会毁的稿子。假以时日与耐心，机械任务一般都能安稳做完。但现在我们讨论的这种危险任务并不是机械的，而且做出决定时需要你全神贯注，因此，撤销也需要你倾注同样程度的思忖与专注。

惧怕撤销或重做复杂任务——机械任务也一样——也可以成为一种巨大的动力，让你在决定之初就仔细思考是否真有必要。在你着手修改之前，我想请你就书稿情况自问三个问题。

1. 它有错吗？ 作者组织/编排/格式化作品的方式并非不对，只是跟我们的规范不同罢了。如果某本书稿遵循其他常用的编校指南编排，而你又要花费大量时间把它改回你社常用格式，那么在你开始修改之前，请参考之前我在"机械任务"那一部分给出的四步策略（自动化、委托、重估、认命）。如果书稿遵循的编校规范你并不熟悉,但它又能自成系统,那其实真就保持原样好了。① 我编辑的几份参考文献都是用一种独特的混合编校格式写成的。一位作者把所有日期全括在了圆括号里,另一位把"ed."打上了圆括号,还有一位把所有多人署名作品中的作者姓名全部改成倒写格式(Boyer, S. G.)。每份文献格式都经历了悉心修改,内部自洽,毫不含糊。我把能自动替换的都改了,其他部分原封不动。

2. 它混乱吗? "混乱"就是"错误"的温和说法,意味着需要编辑进行干涉。当饼图(pie charts)中的图例说明全部按字母顺序而非百分比进行排列时,并不算错——但这样会令读者无法一目了然哪份才是图中最大比例的饼块。当作者在脚注引文中使用参考文献体例时,会调换名字与姓氏顺序,用逗号或句号而非分号隔开各项要素,读者因此而很难分辨引文从哪开始、到哪结束:

> 32. Lynne, N. 1994. "The Chicken or the Egg?" In *Hysteron Proteron*. Ed. M. Parish. Cambridge, pp. 32–117, Dawn, R. 1958. "Spacing and Spacing Out: Unreasonable Reasonings." *Miseologus* 3:244–49.

这种问题必须要改正解决。但是有时某些非常规的编排方法也不错。在一份编排格式自成一体的参考文献表中,日期出现在哪或每章标题是否用了引号,真有什么大不了吗?假如饼图图例文字非常简短,并在图中匹配了相应色彩,那按字母顺序排列怎么就一定不

---

① 有些编辑是没有无视社内规范的权力的。比如说,大部分期刊对于引文来源格式的规定都是不容更改的。幸运的是,大部分期刊也会严格要求作者在提交作品时切实遵守规定,把不符合规定的稿子退还作者修改是常有的事。

可以呢？假如把全世界的时间全给你，让你有空把这些微瑕全改成符合你社规范的格式，那当然最好——但问题是，你没那么多时间啊。你把时间全用在给小兔子玩具洒扫除尘上了，很可能就会忽略床底下的大妖怪——那些更加重要的内容问题。底线：如果某种格式逻辑自洽且条理清晰，且你社允许你拥有一定的编校自由，那不妨就让它保留原样吧。

我在一封"《芝加哥手册》问答"回复中也表达了相似的意思，但提问者不耐烦地回复我：

> 嗯，行吧，感谢回复。我总结了你的要点，你看对不对：
> ● 用不着浪费时间。
> ● 遵守编校规范，但不愿意时也可以不遵守。

他说的基本没错——但我们可以把"不愿意时也可以不遵守"改成"不合适时也可以不遵守"。

3. 它丑陋吗？ 有的时候，作者的版式虽然既不能算错，也不会造成混淆，但是，从审美角度看，你知道排在页面上会非常难看。举个例子，文本中数字过多，会令读者疲惫眼花。把数字重新排成图表或表格，显然会好得多。但另一方面，如果原来的表格材料本身就不太好看的话，那么另起炉灶重做表格可要比修整原有表格难多了，而且一般来说，表格创制者本人对数据太熟悉了，也很难照顾到读者的阅读体验。比如说，细长的表格分成两栏会比较美观。有时表格的边栏和标题栏可以对调，为长标题留出更充足的空间。假如作者过分强调个人喜好而不尊重专业意见的话，那他可能觉得无须修改。但关键是，文字编辑需要从读者角度出发，思考哪里会让人感到阅读不适，即使这可能会令你付出更多的精力与时间。

一旦你考虑成熟，认为某件复杂任务有必要完成，那么请恪守我们在第一部分中谈到的两条美德:细致与透明。前者帮助你规避错误;后者则帮助你检查核对,需要修改时能及时撤销。有一次,我为一本游吟诗人研究著作中的莎士比亚引文检查首字母大小写,侥幸躲过了一场大麻烦。以作者为重,我先是检索出了所有被我替换过的"like this"和"Like this"。我做了许多标记,并相信已经足够让作者明白我的工作方法,因此后面我就直接默改,不再标记了。假如作者坚决要求保留原文中的书写系统(幸运的是,他能接受《芝加哥手册》),那我就只能重新再看一遍原始校样,一条一条找出改过的引文(许多非莎士比亚引文里面也有这些文字啊),把替换的文字改回来。清楚易辨的红色标线也许会有帮助,但在画线之前那最好先问清楚(这也是另一种形式的透明工作方法)。

第三种透明化做法是把重新改过的文字材料示例发给作者,让她知道你在改什么,以防变卦。

我们犯傻的时候

一个可怕的真相:文字编辑也会犯错。身为文字编辑,我可以告诉你,出错的时候,我们也并不好过。我们是改错为正的人。搞砸了,那就是工作没做好。我们也很擅长否认、辩护与甩锅。

但是我们不也是人吗?为什么我们就不能犯错呢?一项关于人类犯错率的研究表明,"在管理良好、采用正常质量监控的工作场所,最佳工作表现的出错率是5%—10%"[1]。

但不管怎样,在某些情况下,完美是可以达成的。外科医生、飞

---

[1] David J. Smith, *Reliability, Maintainability and Risk*, 7th ed. (Oxford: Elsevier, 2005), app. 6, http://dx.doi.org/10.1016/B978-075066694-7/50031-4.

行员、干洗店,或者婚礼策划,他们搞砸了,能行吗?当然了,律师打官司倒是经常搞砸。在文化创意领域,虽然面临的现实风险或许比不上外科手术,但我们仍然相信能终臻完美。还记得我的缝纫小组吗?还有诗人——你别逼我打开话匣子啊。

棘手的书稿会大大提高灾难风险。一旦犯了错误,就不要幻想别人发现不了。把稿子编得一团糟却没惹火作者,我经历的唯一一次,还是因为自校书稿的作者本人有严重的阅读障碍。没编好稿子,我全身而退了吗?没有。我丢人了,我读到了评论文章:"最后,我必须说,这本编辑得极其糟糕的书,居然出自一家著名的大学出版社。错字与赘文比比皆是。"当时,我有许多理由、许多解释:为了改好这本噩梦般的稿子,我付出了巨大精力,然而到了印刷时,还是有超乎寻常规定的错讹逃过了编辑的眼睛。无可回避的事实是,编校失误就是我的责任。我最大的错误就是,明知道我们自己不会进行社内审读,作者也不会对编校质量负责任,然而没有要求出版社再请一位专业校对员来责校稿子。

在这个例子中,我其实没有办法能把事情拉向正轨,但是通常情况下,明显的编校错误一般都会被核对编校稿的作者或主管编辑发现,一旦发现,你就要仔细订正。请重视这一流程,全神贯注地做好它。道歉。如果时间充裕且得到了主管编辑允许,可以让作者看看最终定稿样。在图书出版项目中,自校阶段是作者检查书稿编改正确与否的最好时机。

编校中途,在返校给作者之前,有时你会对某个编校决定感到后悔。如果工作中常出现这种情况,而且又没法轻易回头搜索改正,这时,你的麻烦就来了。比如说有本稿子,其中"He"与"Him"指代上帝时,首字母全部大写;但按照社内编校规范,你决定全部改成首字母小写。作者看上去并不是想表达神学观点,大写字母也不太合适，社内规范要求小写，而且——最重要的——大写字母也没有做到全书统一。但是后来，首字母大写的人称代词激增。几十个人称代词，每一个都是首字母大写。作者在脚注中解释道，他之所以坚持大写，是为了满足他母亲的愿望——临终遗愿。

搜索小写的"he"和"him"当然又会花费不少时间，然而，你该感到高兴，毕竟现在还有机会能改回去。

你在开始处理任何费时任务之前，都应该认真想想是否值得这么做。有时你可能会发现，某件事根本没必要浪费你的宝贵时间。比如说，你碰上一句话，作者以代词"one"开头（**One** might think that this is true），但在句中把代词换成了"you"（in spite of everything **you** learned in kindergarten），于是，你把"one"改成了"you"。下一页，你看到了另一个"one"，尽管没什么问题，但因为之前你把上一个"one"改成了"you"，所以你把这个"one"也改了。就这样，你踏上了致力于改掉"one"的邪路，直到另一个问题勾走了你的注意力。几十页以后，你又想起来了，开始担忧是不是有漏网之鱼没改过来。啊啊啊！这真值得你花时间重编一遍吗？（不值得。）作者会注意到吗？（有可能啊，你之前的修改会出卖你。）

在这种情况下，一个好办法是返稿校对时把问题提出来。这样如果作者比较细心，就会在自校中留意查看。为免作者困惑，最好明确指出为何此处编改可以商榷，并且告知对方问题并不算严重。（"之前我注意到文中混用了'you'和'one'，但是后来我发现这也不算什么大问题。或许除了在某些特定语境中，这种混用并不能算错。因此，如果你觉得有必要保持文字原样，则后文不改；如果为求前后一致，我们就继续统一修改；两种做法任选其一即可。"）不要为了小事大费周章——但如果的确事关重大，那就必须回头重改。（"在我看来，中断之后再回头讨论某首诗时，再次标注诗歌编号其实是有好处的。我不强求所有诗都要加,但如果碰到'等等——哪首来着'这种情况时,我就会加上编号。如果你觉得需要,就继续加编号;如果觉得加了显得烦琐,也尽可以保持原样,不做修改。")

有时,不管你多么尽心尽力,都解释不清为何会把编校错误留到返校给作者的那一刻。不久前,我编了一本小说——对我来说算是罕有之事了,小说里的主要人物设定为一位著名的(历史上真有其人的)古代西班牙探险家。尽管封扉上人物名字都加了重音符号,但书中其他部分却没加,没有与封扉姓名保持一致。我并不惊讶——许多作者都会在打字时省略重音符号,有的是忽略了,有的是懒得打,反正总有人会帮他们加上。因此我赶紧搜索、替换,把重音符号加上,有好几百个。我没有多想,直到我收到返校,发现作者很有耐心地向我解释为何一定要把新加上的重音符号都删掉。记住,这是虚构类作品。原来作者并没有忽略,也绝不是懒得加,而是有意使用这种一丝不苟又别出心裁的方式:**唯有**在将名字赋予当代美国人物时,才会专门删掉人名上的重音符号。我们讨论了读者是否能够注意到这个细微差别。与大多数优秀的虚构类作品一样,这本小说细腻精致,种种细节共同编织出一个令人沉醉的复杂文本。[①]我犯傻了;这个细节对作者而言极其重要;别无选择,只能老老实实花时间把重音符号抹下去,一个接着一个。

在本章中,如果说我回避了自动化处理复杂任务所可能导致的进一步风险,那也并非因为我相信你们都能熟练掌握文字处理工

[①] 能读出细节的读者,当然能沉醉其中。文字编辑真希望当初编改时能被作者及时叫停。

具。其根本原因在于,我认为文字处理问题需要我们单辟一章仔细讲。请继续读下去吧。

答:这种事情,我们毕竟很少遇见。当真找不到办法赖到别人头上吗?实在找不到的话,那你就只能尽量低调做人,熬到烟消云散那一天了。幸运的是,校对员一般来说都自带低调气质。

8　认识你的文字处理软件[①]

问:如果作者在你发给他编校样之后,仍在原稿上做大量修改(且不开修订模式),你会对他说(或做)些什么? 只是好奇……

如果说在文字编辑工作中一知半解非常危险,那么在做文字处理时,一知半解就是加倍的危险——指头一敲,霹雳一声。如果你准备用文字软件来处理选定的编校格式,那你必须要首先学会如何熟练操作软件系统。尽管文字处理软件能够自动处理大部分简单枯燥的任务,但是它也同样能够给你的工作造成烦琐的混乱。

作为二十多名编辑的部门主管,我常讶异地发现,大学生们——甚至是所谓的电脑高手——并不是人人都能熟练掌握文字

[①]　作者此处开玩笑地将古希腊铭文英译"Know Thyself"(认识你自己)改写成了"Know Thy Word Processor",即"认识你的文字处理软件"。——译者注

处理技术。尽管他们知道如何打字，也许还会插入脚注或尾注以及加页码；知道如何用时尚的字体与色彩来使文档显得生动活泼；也许还玩过定制标题样式与预设页边距；也当然知道去哪里开拼写检查。

但是，作为一名文字编辑，若想胜任工作，那么你需要知道的可远不止这些。说得难听点：如果你靠当编辑挣钱，却不能娴熟应用文字处理软件，那这不就是骗钱吗？更糟的是，如果你天天因为电脑软件糟心受累，那你肯定也没法愉快工作。熟练掌握文字软件，甚至成为专家，其实有好多不为人知的好处：你工作速度更快，准确度更高，态度更自信，价值也更大（这就是钱啊！）——现在你能接受这个观点了吗？

所有的书本和课程都在讲授如何使用文字处理工具，因此，在本书中我不打算赘述。由于读者使用的软件形形色色，也由于软件功能升级换代极快，所以，我会着重从整体上谈谈电脑读屏编辑的缺陷以及应对的方法。

我？技术员？

在工作中，我常常听到有人抱怨电脑。文字处理软件常常惹人厌憎，它会在任务进行时突然跳出弹窗，会把正确语法标注成错误，自动把字体改成 Calibri 字体，把小写首字母改成大写，或在你只想选择几个字母时自动把整个单词全选上。

许多作者和编者似乎都不明白，电脑是你叫它做什么它就做什么，而且它也乐于（姑且拟人化吧）听你的指令。我们可以告诉电脑怎么做！虽然具体定制操作会比较费时费力，但有一种简单易行的快捷操作可以帮助你迅速规范常用功能。在你的文字处理程序中找到"选项"模块。在这里,文字软件会请求你:"告诉我你想要做什么。"鼠标点点,你会发现几十个复选框。浏览所有选择项大概会占用几分钟。点一下鼠标,你可以永远停用语法检查功能——当然,你以后还可以再把它请回来。你可以自由选择前台显示哪个工具栏乃至工具栏中哪个小图标。我吗?我宁可把手指头粘到键盘上,也不想再在所谓拼错的单词底下画线了。[①] 手指一敲——拼写错误便全消。

如果你特别想要调整某些功能,且你使用的软件也比较流行,那你甚至都不需要浪费几个小时到"选项"中去摸索寻找。只要在谷歌或必应中搜索(比如说)"微软 Word 鼠标设置"或"PDF 文件加批注",立刻就能找到解决方案。

作为启发,我来举几个例子吧,如果你知道如何操作,那么下面这些任务,都是真的能在几分钟内迅速完成的:

- 按字母顺序排序
- 标题字母全部大写
- 重排所有脚注(或尾注)编码
- 调换图表横竖排列
- 单击宏,一次性完成多个清理任务

如果你准备冒个险,越过学习文字处理基础这一课,那请注意,会有大量信息铺天盖地袭来。因此,最好把你最想学习的操作技术列个清单出来。你可以从小处做起:把一两个新技巧的关键操作指示写下

[①] 不,我对自己的拼写水平并没有自信到可以放弃拼写检查功能。但是我会把这个功能留到最后阶段,来检查自己有无漏看。

来,贴在显示器旁边,把它们用得滚瓜烂熟了,然后再学新的。

许多网站里都能找到非常有用的文字处理小窍门。比如在Editorium网站,你可以下载宏,它能够快速完成诸如清理空格、消掉注释、将自动编号或数字转换成真实编号或数字。[①] 可以试试把你自己常用的操作也做成宏。[②]

最后,别忘了人力资源:如果哪里卡住了,可以去咨询同事,与电脑不一样,同事熟悉你的工作,能准确理解你要做什么——以及你不希望发生什么。你可以群发邮件,咨询那些可能给你解惑的编辑们。你发布一个问题,收到的答复却不止一个。有时,写清附加说明会让你免于被不合适建议所误导。

碰撞险:防范大错的五种方法

学习电脑技术捷径来加速工作,这会让人上瘾,但是请记住:你才是负责开车的司机。一着急删了对的、存了错的,或者发现全部替换的决定欠妥但为时已晚了,这些情况,我们谁没经历过?我曾做过一本书,里面援引了巴黎桃会(Paris Peach Conference)作为文献来源,而另一位作者在其关于犹太氏族关系的研究著作里,恰好也提到了相关器官(genital[③])的问题。还有一次状况,发生在一本

---

① 见 http://www.editorium.com。Editorium 网站有许多免费资源:"微软Word 高级查找与替换",乍一看似乎复杂难懂,但是如果你知道如何在 Word 中进行通配搜索,那么这篇文章中的进阶学习就不难了。掌握这项高级操作,绝对能延年益寿。

② 如果你对制作宏有兴趣,可以读读我这篇入门文章:http://www.subversivecopyeditor.com/blog/2012/08/lets-make-a-macro.html。

③ 生殖器官。花是植物的主要生殖器官。此处应指巴黎桃会的引文中也多次出现了 genital 一词。——译者注

天体物理学作品中，两种"交互作用"(causal contact)的流体变成了"偶然作用"(casual contact)(现在，我当然知道这俩不是一回事了)。如果你能避免犯下这种严重错误，那或许是因为你在处理电子文档时知道并践行着下面这五条重要方法。

1. 标记归档。可能你这辈子都习惯了把所有文档放在一个文件夹里，但是为什么要这样做呢？建几个文件夹不难啊，文件夹中再建文件夹也不难啊。(我可以一直说下去，但那样你会觉得我有文件夹强迫症吧。)事实上，某些工作就是需要建更多的文件夹来处理。如果你的工作是项目导向型，那最好每个项目开一个文件夹。如果你的工作比较散或比较杂，那你可以把文件归档为"待删"或"待完成"。关键是要想清楚如何才能顺利找到自己需要的文件，不管是现在还是未来。如果你的上司或同事需要访问你的文件，那标记归档就更重要了。管理文件时，请注意(a) 这些材料需要用多久，(b) 谁需要访问文件，(c) 你是否需要标记不同版本、归档后续版本或锁定原始版本，还有(d) 如果只是想想创建文件夹这回事，都能让你抓狂，那你一定要特别注意做好文件命名。电脑搜索功能已经非常强大且仍在不断改进，但是如果你把上百个文件都命名成"合同"，那么搜索功能也无能为力，帮不了你。记住这几点，设定文件归档系统，每天花几分钟整理整理。

整理文件是非常个人化的事情。我没法告诉你哪种方法更好。但是不难看出，把文档往哪个老地方随便一扔，任其胡乱堆积，一定会导致尴尬、恐慌、重复低效以及对完成工作无望的普遍焦虑。所以，在整理文件这一块，请努力打起精神来。我承认，有那么一段日子，我简直快被自己的文档系统给奴役了，某种程度上，文件夹建得层级过多反而会适得其反。因此，你需要摸索创建一种最利于工作进行的文件归档体系。你可能会感到归档太难了，没关系，也许会有某种十二步体系能帮得到你吧。

2. 测试运行。 文字处理系统会竭尽全力避免文件丢失。它们允许你在保存后撤销，宕机时还会帮你自动保存文件。但即使如此，你在尝试复杂的测试操作时，也尽量不要拿编辑中的文档赌运气。给文档做备份，起个新名字，"Test1"什么的，在进行最终操作前，试试看能否成功执行命令。原因在于：只有在深入编辑与关闭软件之后，你才会发现自己的诡异操作可能导致的重大问题。这样至少你还能在解决麻烦与从头再来之间二选一。

我在做测试时就遇到过一次险情。我起来去找咖啡，中间跟制作部的乔（Joe）聊了几句，给孩子发了条短信，然后才回到电脑旁——忘了屏幕上亮着的文件并不是刚刚在编的那一份。我曾经在一个错误版本上干了一个小时活。还有一次，我没有给文档做好测试标记，急着收工，一不小心把它保存并覆盖了正确文档。当时简直想杀人。为了避免混淆，我会在测试文档中使用彩色字体，洋葱绿特别养眼。

3. 版本控制。 如果你在编辑后续版本时仍常常会不小心打开原始版本，那么清晰标记的文档一定能够帮助你避免混淆。最好锁定你需要保存的文档，并做好备份。

如果你给作者发电子版自校稿，那么一定要确认好谁手里拿的是工作版本。如果作者修改订正时，你也同时在做最终校对，那么就算两方都一丝不苟地做好了完备的修订记录，你也仍有可能面临文本混淆。根据作者任务的性质，你可以决定是否需要锁定文档，以防作者关闭修订模式。

4. 分享。 之所以要费力耗时地给文档版本标记归档，还有一个额外的原因，即有时别人也需要去你电脑里搜索文件，比如说，急着把终校文档交给客户或排版员的时候，可能就要请别人代劳来搜索并发送。这时,分类标签清晰易懂就显得至关重要,不要使用只有你一个人明白的密码来命名文件。

5. 备份。我儿子本(Ben)曾做过电脑技术支持工作,从资深前辈那里听到过许多作战故事。他说他在这些故事中学到的最重要一课,就是面对宕机受害者,如何应对他们常向技术员发泄的愤怒与傲慢。别人告诉他,要反复安抚受害者,如果电脑能重启运行,他应该说:"好,太棒了——要是你现在把备份文件给我,咱们立刻就能全部搞定。"这时,她们自然会露出受惊小鹿脸,蓦然发现文件没备份原来是自己的错。

备份电脑文件极其容易——但为什么会有那么多人不做备份呢?我们都常常丢失未备份文件:误用老版本覆盖了新版本;笔记本电脑跟备份U盘一起被盗了;忘了第一时间保存文件,等想起来时,家里熊孩子——摇滚乐队里弹贝斯的那位——突然插上了扩音器电源,而接线板上同时还插着衣物烘干机和地下室的办公电脑,于是电路超负荷罢工了。(以上情况并不都是我的亲身经历。)

好吧,我好衰。我就是你的前车之鉴:这不仅因为文件丢失从头再来的痛,我尝过不止一次,更因为我痛定思痛,反思了应该如何避免这种情况再次发生。备份跟以前的做法也不一样了。现在,你可以使用在线云备份——费用极低甚至干脆免费,没有任何借口不做备份。①

首先,明确你自己的备份理念会很有帮助。从前,我以为备份需要拷贝电脑生成的所有数据。我囤了好多CD,还有一堆U盘。

---

① 我所说的云备份,指的是私人电脑中普通文件备份。如果你的工作涉及重磅研究数据,那你在做线上云备份时,最好选择相关机构内部服务器或付费服务器进行存储。

现在，我只备份常用文件。奇怪的是，失去一切居然拥有治愈功能。我渐渐明白，旧文档会变成累赘，重新开始反而是种解脱。你或许并不需要经历这一切。但无论如何，标记好档案文件并把它们与需要备份的常用文件分开安放，会有效节省时间、空间与金钱。

Dropbox 或 iDrive 等在线存储服务几乎无须花费时间、空间与金钱，只要你安装了其免费软件或登录其网站，便可以在任意电脑端访问存储的数据。文档更新都是自动同步的，你能轻而易举地与他人分享文档，可以允许他们访问公开共享文件夹，也可以用电子邮件发给他们私密文件夹链接。即使你离线工作处理文档，下次不管何时上线，文档也都会自动同步更新。其安全性包含各种超级复杂加密什么的，加密会带给我某种盲目信任——无论如何，它反正比在电脑上插个 U 盘安全些。你还可以通过付费获得更大存储空间或更多高级服务。

这个问题其实无须多费口舌。尽量做好备份吧，免得在失去一切的时候气得想割腕。

克服强迫症

比起纸面编辑，电脑编辑的长处显而易见。它能令我们清晰干净地增加与删减，随心所欲地设置编辑轨迹可见或隐藏，迅疾高效且连贯一致地完成机械任务。我们能够通过电子邮件把电子文档随时发给社内外人士，而发给排版员的终校文档文字差错率也很可能比纸稿更少。尽管在早期阶段，很多人都期望电子文档能节省时间和纸张（也就是能省钱），但我怀疑是否有人信以为真。我们印刷是因为我们印得起——我在办公室中看不到任何绿色环保运动的苗头。节省时间？我的编辑工作规划 25 年来几乎没有大变动。自动化任务节省的时间，又都浪费到准备排版文件上了。① 无须手写省下的一切，都贡献给了无数过于简单而无法拒绝的琐碎杂事。

　　挑战也正在于此：看在效率的份上，一定要克服我们的强迫症。"我能"并不必然指向"我该"。这句话值得重复：当你启动一项耗时任务时，别忘了应急三咒语：自动化、委托、重估。强迫症与蒙昧无知很可能会浪费掉你几个小时的时间。我认识的一位编辑，特别不喜欢 Word 自带的脚注右上标编号格式，认为应该把标号调成正常大小，并加句点放在句中。因此，她开始一个一个地修改几百个脚注标号，放大数字并改成"无上标"格式（通过鼠标和菜单修改），给每个脚注加上句点——然而这项任务，她完全可以通过设置键盘命令来完成，用时不会超过 20 秒。②

　　我们后面的讨论还会提及强迫症倾向。现在，让我们接着思考效率问题，分析我们为什么必须停止浪费时间。下一章，我们来谈谈截止日期吧。

　　　　答：开动想象力吧；我们宁愿什么也不说。［就书稿而言，微软 Word 审阅模式下的"比较"（Compare）功能也许能帮到你。］

---

　　① 文字编辑常会抱怨，除了本职以外，我们还要承担许多印务准备工作，而我们既没受过相关培训，也对该领域毫无兴趣。我们部门的管理方法是，清校原始文档（包括清除奇怪格式、多余空格、错误换行等）、整理排版符号、对校誊抄作者修改等工作，可额外多算 20% 的工作量。

　　② 好吧——我承认这人就是我。但这是很久之前的事了，我发现自己犯了强迫症，立即诉诸技术帮助了。

9 活死线[①]

问：究竟是"cell phone"还是"cel phone"？我马上要到截稿日期了，希望能快点得到答复。非常感谢！

作家道格拉斯·亚当斯（Douglas Adams）以热爱截稿日期著称。"我爱截稿日期，"他说，"我喜欢它们近身飞来时发出的声声呼啸。"

不可爱吗？

我们爱作者，我们宠作者，为他们天赋异禀的才华。但是终有一天，我们不得不直面截稿日期，许多写给《芝加哥手册》问答"的

[①] 原文为"The Living Deadline"，直译为"不断变动的截稿日期"。但此处作者开了一个文字玩笑。英文中"the living dead"意为"活死人"，20世纪八九十年代的大热系列电影《活死人归来》英文标题中就用了"the living dead"。本章标题将这一习语中的"dead"改成了"deadline"，一语双关，既指截稿日期，又通过指涉流行文化玩了文字游戏。为保留双关，中文译为"活死线"。——译者注

信件将这一点表现得淋漓尽致。有些日程安排会比一般情况更严格——很显然，报纸与杂志的时间规划就完全没商量。尽管大多数图书项目的截稿日期都多少有些回旋余地——几天、几星期，甚至还有几年的——但这不应是常态，一名总是拖稿的文字编辑，肯定会让人觉得难以信赖。

在出版流程中，有的拖延并不是文字编辑所能控制的，就算校样拿在他手里也不例外。电子文档可能损坏，部分书稿可能丢失，作者踩着截止线发来必须增加的改动。就算编辑工作已经结束，但在编辑准备定稿付印时，装帧设计还没做完，或者纸张用料还没批准，或者突然发现插图又不合规。作者也可能联系不上。（别人给我讲过一件拖稿轶事。有位作者迟迟交不上来引文来源，因为他正在闹离婚，太太把他的研究材料扣下相要挟。）有时一点小拖延便会带来一系列连锁反应：比如说约好摄影师某天来拍摄，结果宣发部门弄错了道具布景，而摄影师后面还有别的预定工作，就这样，延后一个星期生生拖成了一个月。

工作中总有你无法控制之事，你能做的就是保证你的团队或上司知情。就报纸或杂志等日程紧凑的工作安排而言，拖延就意味着项目玩完。如果作者应对拖延负直接责任，那你只能靠着不断提醒和耐心劝说才有可能挽救项目。做书的文字编辑常会忍不住把截稿日期甩掉作废，尤其是在不管你如何密切跟进，项目都几乎没有可能按期完成的情况下。但是这种态度显然有害无利，不管是对出版团队，还是对你自己。经济损失可以预估：当季书目与预算就是用来调整平均延误的。但如果人人都觉得"拖延无所谓"，那平均延误率就会提高，这对公司财务来说可不是什么好事。而就你个人来讲，不注意截稿日期也会导致你与工作伙伴龃龉不断。你会变得……招人烦。

要想掌控好截稿日期，你需要精通下面三种技能：优先顺序、组织分类和记录在案①。

优先顺序：四个问题助你规划

文字编辑日理百万机。我们要么手头几个项目同时运转，要么一个项目里头负责多项工作。即使我们自己本人不是外编，我们可能也在指导外编。身为一名书稿编辑，我的典型工作日待办清单包括：给作者写电邮发校样 PDF，编辑索引，定稿付印，给作者返稿做对红清校，为要上编辑会讨论的新项目写备注，比照作者个人信用检查授权许可——更别说还要继续编看到一半的稿子。你的待办想必也一样满满当当吧。

你没法一天之内做完一切，即使它们本该做完也没办法。但你可以自行选择：你可以心慌慌地苦干一天；可以狂喝咖啡熬夜干活；也可以确认好哪些事最为紧急，五点下班前做完，然后找个伙伴去跳跳舞开开心。你选吧。

如果没有摸索出一套规程，那么给项目分类定级就是很痛苦的一件事了。当你犹豫不决时，可以问问自己下面这四个问题。

1. 它是下一个吗？ 有个非常好的经验：其他一切条件均等的情况下，最接近印刷或发表截稿日期的项目优先。也就是说，如果你面前既摆着明天要上编辑会的选题项目书，且手头还有下季度需提交投资方的书目通讯，那么这时项目书就要优先。如果你正要开看

---

① 如果你没读过"documentize"(记录在案)这个词，那是因为它并没有通过文字编辑这一关。（文字编辑请查阅《牛津英语词典》第二版："documentize, 及物动词，释义：a. 教学、指导、上课，b.提供证据。"是的，它是个不常用的老词了，但我就是想用**吸睛**的词！)

作者返校的汉尼根（Hannigan）书稿，却突然来了金博尔（Kimball）索引，此时索引应该比书稿更值得你优先处理，因为编制索引意味着该项目的编辑工作已经接近收尾了。事关定稿制版，编辑收尾阶段如果拖延，势必会影响后续其他工作。那时，生产制作部与宣发部同事将会负起准时交付印刷与如期宣发推广的任务，而他们手中的项目数可能有你的两倍那么多。如果你拖了后腿，就会打乱这些部门的制版印刷与宣发推广安排。身为项目初始阶段的负责人，责任全在编辑你身上。

2. 它最重要吗？ 出于各种原因，有些项目会相对来说更为重要，或许它们更赚钱，或许客户或作者更重磅。考虑到重要性，你可能会从一个项目横跳到另一个，请记住，用不着跟作者或客户详细解释为何工作没有按原计划推进。归根结底，我们又能解释什么呢？难道能说"抱歉拖延了——我手头还有个更重要的项目"？除非询问进度的是你老板，否则不要解释，只为拖延道歉就行了："我很抱歉时间拖得比预计要长，如果一切顺利，本周末我就能把所有文件发你。保持联系。"

3. 它最紧急吗？ 期刊文章有严格的发表时间要求，决不能拖期。公司负有法定义务，必须要在规定时间内发布财年报告。图书也有一些较为重要的出版发布时间，以配合节日、年度书展或开学季等重要营销节点。有时为了赶上政治时事，某本书会要得特别急，错过热点就没意义了。（还记得1988年的雷克雅未克鲑鱼峰会丑闻吗？不，我也不记得了。）

简而言之，紧急任务必须立即得到关注。如果某个任务推迟完成会导致一系列延宕后果，那它就是紧急任务。比如说，如果你星期五不把校样发给作者，那他就要拖到两周后才能开始自校，因此周五送校样就是紧急任务。有一次，我手头同时有两个紧急任务。

我擅自决定了推迟某一任务，却不知道，接下来要跟我对接那个任务的设计师明天就要休假了。为时已晚，我真后悔当初没有先发个电邮问问她："我不确定今天是否能改完维拉德（Willard）书稿——明天来得及吗？"

4. 它是该做的事吗？ 有时候一项任务不是最紧急或最重要的，但你做过承诺，不愿食言。难以抉择，但如果实现了承诺，晚上你会睡得更安稳。你明白我说的那种情况吧：某个特别操心的作者——要经过血泪挣扎才能做出修改决定的那种作者——发电邮给你，询问是否可以把表2、表6、表32与表34转换成文本格式，你向他保证会尽快查看是否可行，而且你也知道他会一直双手紧拧着等待决定。如果你为其他事情而临时推迟重要或紧急任务，那么你就得加班来追赶进度。

几个小忠告：第一，不要养成随便许诺的习惯，尤其不要对一丝不苟的人瞎承诺——告诉设计部的梅纳德（Maynard）你会尽快赶上他的宝贝任务，如果可能，最好明确交接时间。第二，你在跟作者沟通意料之中的延期时，告知是比询问更妥当的做法。询问（"推迟几天你介意吗？"）有可能得不到你想要的答案。除非你想从作者那里套出点儿有助于工作安排的信息，否则更好的做法就是口头或书信告知："赫尔曼（Herrmann）书稿要推迟几天完成。下周二我会寄出校样。"如果你的拖延将导致严重后果，那对方一定也会告知，你便可以及时重新调整工作安排了。

最后，在工作中留意哪种处理方法是最合适的，下次处理多个项目的冲突时便可作为借鉴了。如果在几个不同作家作品间反复横跳（这要求你的大脑在两种极为不同的规范风格间来回切换——还有更糟糕的，两种规范风格或许仅仅略有不同），会令你感到混乱迷糊，那就赶紧停下来。采取替代方案，全身心扑在一个项目上，直到把能做的全做完。

组织分类

这一部分很难读,但我真的希望你能读下去。就把它当作蔬菜吧。如果你在出版业工作,学会组织分类绝对有益身心健康。如果你已经是个分类经验丰富的编辑了,那么吃片维生素跳过本节即可。如果你爱吃蔬菜,那当然更好了。

有句中国老话讲到了蔬菜(其实它说的是水果,但我不想把本节再比喻成水果了):"一心不可二用,按下葫芦浮起瓢。"[①]麻烦在于,我们手里已经有葫芦了。现在要问的是,如何能稳稳锁定葫芦的踪迹。

组织分类因人而异。有时只要捅捅葫芦就能事半功倍,有时你却不得不一天到晚盯着葫芦观察动向。现在你应该看出来了,我这个人超级爱建文件夹,爱做待办清单,但除此之外,其实还有别的整理归类方法。我们的朋友圈中总有某些酷爱"成堆"归类法的人。当年我做童书的时候,有个同事就以"成堆"而著称。她的桌子、书架、文件柜还有地板上,到处都是小山样的纸堆,几乎没法想象她是怎么从里边找到东西的。但我从没听说过她丢东西,她审稿返稿的效率也是最高的。按她自己的说法,快速返还是为了避免丢失——她特有的高效工作方法。

但是,分类工具对专业人士来说还是不可或缺的。**待办清单**能帮你形成短期规划,**日程安排**能提供长期远景,**日志记录**便于追踪

[①] 原文:One cannot manage too many affairs: like pumpkins in the water, one pops up while you try to hold down the other. ——译者注

业务进程。这三种工具值得详细谈谈，我们也来列个单子。

1. 待办清单。一份简明扼要的待办清单是位绝佳帮手。你可以把它想象成编辑的西兰花。我的电脑桌面上有一份待办清单，每天早上第一件事就是把它打开，下班才关。只要我觉得需要提醒自己有某项事务待办，那我一定会把它写在清单里，大致按照紧急程度排个序。任务完成后我会删掉该项待办，并重新调整待办事务顺序。我的其他私人事务待办清单，则会放在手机软件里备查。

年轻的读者们，先别翻白眼！（"切，谁还能把这事给忘了啊？"）但人到中年的编辑们一定会点头认同我的机智。我可以设置会议提醒、任务提醒、截止日期预警提醒，但是一张待办清单，可以让你想写什么就写什么，想怎么写就怎么写。我们办公室有线上日程表，但是这些表格反映不出我的每日工作计划。我的很多同事都会在台式工作日历上标好任务与会议安排；有人还会写好黄色便签粘在电脑显示器和书架上备忘。有位同事说，她甚至会给自己预发语音作为任务提醒。怎么管用怎么来，我的小小手写清单，也自有优势：待办事项，一目了然。

2. 日程安排。就把它想成菠菜吧。在芝大出版社，我们拥有非常出色的线上日程系统，方便编辑随时随地按需查看项目截止日期。我的最爱是未来两周任务日程表。我每天早晨都会打开清单，看看哪项任务最迫在眉睫。待办清单提醒的是当天优先任务，而日程安排则会突显未完成项目的截止日期，督促我与作者、同事沟通以尽快推进项目。如果日程安排表明某本校样需要作者在一周之内返校，那我就会立即给作者发催交邮件。（"我来提醒进度了。最近抽空做自校了吗？下周能返校给我吗？"）如果校样马上就要送交排版，而我却还没拿到齐全的材料，这时就需要赶紧发提醒邮件了。["我一拿到设计版式，道曼（Dorman）稿即可发排。告你备忘。"]

如果你那里没有高科技日程系统，最好也自创一个能预警截止日期的简易日程表：纸本记录、在线日历或待办清单式的电子文档——只要方便好用即可。

3. 日志记录。你的有机食品。这里特别提及日志记录，是因为这个方法特别管用；不过日志记录的主要是已完成任务，而非未完成待办，与管控截止期限并无特殊关联。管理员会出于自身需要而保留日志记录——他们的工作就是计量工作数量、时长与费用。自由外编需要做日志记录，最好以电子表单格式保存，以便追踪客户、费用以及每单工作的收入。可以进行信息分类：已完成客户任务、编辑工作收入，等等——缴税时会尤其方便。项目经理同样也可以做一张外编日志表单，记录工作起始日期、计时或计页薪酬、发票统计、合同信息以及任何需要备忘的信息。

我的工作日志相当个人化且简洁明了。每天收工时，我都会记下当天完成的工作。下面的日志记下了我的一天（看不懂我的日志没关系，只要能看懂你自己的就行了）："2 月 20 日。Gilfoyle ed. notes. C&P final lasers. Edit Brown, to 216. Mtg. w / JT, SMH, & PDK re Baker schedule."

很多年前，我感到力不从心时，突然灵机一动，开始做起了日志记录：一天下来，常会惭愧自己只干了那么一点点活儿——是啊，谁都有过这样的日子。我知道并非只有那一天如此，因此，我下定决心开始自己计量每日工作。日志记录原本只是一种自我激励手段，但是后来我渐渐发现，它还能有效帮助我搜索日程安排与待办清单中的已完成任务。在重启某个搁置项目时，我常会先查阅工作日志记录，然后再去与作者沟通或敲定工作伙伴。

待办清单、日程安排、日志记录，三者加起来每天也就占用你一两分钟时间，既省时又高效，可以说是最棒的时间管理方式了。并且,我保证,它们一定会让你拥有更亮白的牙齿、更强健的骨头。

记录在案①

　　就算你的葫芦瓢尽在掌握,但那也只是暂时的,说不定什么时候就又丢了。保证他人紧跟你的日程进度,是截止日期管控之中特别重要的一环。如果项目还没有进行到交接给下一流程的时候,那你一个人先做完也无济于事。但如果你可能拖延交稿,那早点告诉等待交接的伙伴,总比晚告诉要好得多。如果你在做团队项目,那一定要弄清楚承诺事务是什么,承诺对象是谁,承诺又是何时截止。这些细节常会出现意外变动,你需要掌握每个团队成员的最新诉求、承诺以及近况,以防万一。

　　电子邮件是最常用、最有效的记录工具。电话有时是必须要打的——甚至是比较推荐的沟通方式,因为会比较有人情味儿——你当然也可以边说边做通话记录。但是,电子邮件不占空间且迅捷易查。因此,我觉得电子邮件是记录截止日期相关信息的最佳工具。

　　关于电邮管理,恐怕几本书都讲不完。但对于文字编辑来说,基础技巧可以概括为三点:(1) 顺序;(2) 规范;(3) 礼仪。我们先说前两点,下一章再来专讲礼貌分寸。

　　1. 电邮顺序。我也曾对着收件箱中几码长的大量未整理邮件发过愁,但是如果你的收件箱空间充足,那么电子邮件平台的搜索功能就会特别管用,它能协助你把邮件分类到各个相关文件夹中。如果你经常需要查询某些重要邮件信息,那就尽量把它们放到垂手可及的地方。有多少次,你只能干等着别人查信息,看着鼠标来回

---

① 现在我觉得自己都快离不开这个词了。

滚动、点击、滚动、点击，听他嘟哝"它在这儿啊，应该在这儿啊"？如果你的工作内容以项目为基础进行分类，那么每个项目单独建一个文件夹，点开即可见所有相关信息，能够有效提升工作效率；项目结束之后，也能让你轻而易举地将所有文件顺利归档。查找信息只是问题之一。另一个问题是，除非你永远都能及时阅读并回复每封邮件，否则它就会被其他邮件挤到收件箱底部，用不了多久，很多邮件就会被挤出首页，看不到了——想不起了。未阅读，未回复。这立刻又会导致下一个问题。

2. 电邮规范。 无论你是随时随地看邮件，还是每小时或每天集中看一次，只要你想保持良好的工作关系，并及时了解可能影响任务截止的动向，那就必须能够掌控邮件信息。二次发信息询问进度时，对方常会令人惊讶地回复说："很抱歉——我一定是不小心漏看了你的第一条信息。"这就是我常说的少数几种无可争议的工作礼仪之一：客户或雇主给你发工作信息，你要回复，而且要尽量即刻回复。我们常会倾向于拖延回复：等有空细谈时再说，等查完资料时再说，等汇报任务完成时再说——但等到那时候，邮件早就被挤出屏幕首页，再也想不起来了。不要跟我说你没时间，用不上5秒钟，你就能点击"回复"按钮，敲进去"谢谢""完成""正在做"或"马上做"，然后再点"发送"。"更多内容""敬请期待"顶多也就是十几二十秒的事。如果你不喜欢草草回信，还可以加几句稍微正式点的回话："南（Nan），很抱歉，我现在正忙，稍等会尽快回复。此致，卡罗尔（Carol）。"

同事间的工作交往又不同于与客户和上司相处。有些同事跟你关系特别好，能达到无言默契的程度，这时，发电子邮件反而就成了累赘。但是对于关系没那么亲密的外围合作者，还是应迅疾回复邮件以表尊重。

对我来说特别有效的一个方法是,收件箱中只保留未完成任务的相关邮件。可以说,这其实就是另一种形式的待办清单。其他邮件会立即被放到垃圾箱中或重新归类。如果你决定建文件夹,那别忘了也搜索整理一遍发件箱。如果你现在突然从我座位背后跳出来,要求检查发件箱的话,你会发现我的发件箱中存在未归类邮件的概率几乎为零。请原谅我的自鸣得意,但没法子,我太自豪了。在工作中,我就是电邮规范女王。话说回来,我自己的私人邮箱,却是从来都懒得整理。

答:谁拥有截稿日期,谁就应该有本字典。我常常发誓绝不再替别人查字典了,但是这就像当了妈妈就要常常收袜子一样——总有某种冲动逼我破例。是"cell phone"啊!买本词典吧——自己收自己的袜子去。

10　鬼地方：同事之间

问：我有个同事，坚持要在"while"前面加逗号。

问：我们新来的出版总监，坚持要保留或添加不必要的"that"。

问：我们编辑室有个文字编辑，坚持要在每个"all"后面都加上"of"。

问：我有个同事，坚持要用"as well as"作为句子开头。

问：我有个同事，坚持要使用"5th February, 2005"这种格式。

"我上司/同事/合作伙伴/秘书坚持要……"这样的开头，我读过多少遍了？阅读来信时，我都很好奇，全美国上下，是否有那么一个地方，办公室里人人友爱？不幸的是，只要人们需要分担文字任务，似乎就一定会分歧不断。分歧渐多，办公室关系也渐趋紧张。

每一篇经过文字编辑审阅的文章，在接下来的编辑流程中，也会不断接受其他经手人的审阅。校样从编辑手里传给作者，又从作者手里传回编辑，在进入排版之前，还要经过项目编辑或管理编辑之手。装帧设计师会要求了解书稿内容以便构思；排版员会大致询问编校规范或编校符号。书封或广告文案会经十几道红笔批注，人人都自有主见。文字编辑必须要不断与同事沟通，在将书呈现给读者之前，努力守护你的作家作品。

即使你是居家工作的自由外编，也需要同分管编辑合作，且不可避免地会遇到意见相左的情况。希望你能在本章中获得一些启发吧，耐心点——下一章就是专为你而写的了。

职场上通常会有某种主导文化。如果你特别幸运，会遇到比较和善友爱、乐于合作的同事，他们会在你表现出色时即刻加以鼓励赞赏。我年轻时曾在一家杂志社工作，那里上了年纪的副主编经常趴在桌上打盹。一个同事非常担心当面打搅小睡会有伤副主编的面子，因此，她会专门先打个电话，响一声就挂断，再去办公室找他。（历史知识：当年还是笨重的有线座机时代，电话铃声特大，且没有来电显示。）

我大胆认为，这种程度的礼貌周到并非随处可见。你的同事或许好胜心极强，出问题时又时刻准备着甩锅给别人。无论你的工作环境如何，遵守必要的职场常识性通则，总是不会出错的。

没有编辑是一座孤岛[①]

除非你事必躬亲。

---

① 17世纪英国玄学派诗人约翰·邓恩（John Donn）的名句"没有人是一座孤岛"（No man is an island）被本书作者戏仿改写成了"没有编辑是一座孤岛"。——译者注

哈！这不仅是说我们在工作上要仰仗他人；而且要知道，我们不仅替代不了他人，而且往往对人家的工作一无所知。我们常会轻易指责别人太笨太懒、完成不了工作。如果你是焦虑体质，那么遇到这种拖泥带水的延误便会特别容易抓狂崩溃，稍不注意，事态很快就会走向指责与争吵。

真到了因工作延误而互相指责的时刻，我之前讲过的神奇的线上日程表就派上了用场，它能准确指出谁该为延误负责：这个线上日程表是公开的，明确记载着图书出版流程中每个阶段的进展，人人都能清楚看到哪个环节出现了延误。但是，日程表无法显示延误的**种种原因**——可能碰上了好事：你没编完柯兰克豪尔（Crankhauer）书稿，是因为在 GK2GK 遇到了某个帅哥美女；也可能碰上坏事：你的普尔迪（Purdy）校样寄晚了，是因为排版员失误少排了一章。

关键在于，你并非总能确知同事为何迟迟不交接工作。出了各种毛病但错不在你时，没必要为求自保反复辩解或指名道姓攻击他人。可以给等待你向下交接工作的同事发封邮件提醒或询问。我们已经讲过如何使用待办清单、日程安排与日志记录来追踪第一负责人的机制了。剩下的就是专注于如何与人高效沟通。我的建议都是常识性通则：友好竞争，逐级工作。

下面我们来详细谈谈吧。

友好竞争

无论是当面交谈，还是文字交流（特别是电子邮件交流），其中总有一些职场行为法则，能让你与同事保持良好关系，使沟通更顺畅。

有话直说。工作进展顺利时，我们自然会与同事相处和谐，合作愉快。一旦出现问题,我们的臭脸就要出来了。(杂志社那位贴心的同事,会蹑足潜踪地小心不搅扰打盹的副主编,但她也会因为做事实审核而跟别的编辑大吵大闹,不惜把我们全喊醒。她翻小账,说那位编辑有一次专门趁她跟作者通话时,站在桌前跟她对质。二人对吵时,她都能听到作者在电话里小声劝架:"别吵了——求别吵了。别打起来啊!")

所以,谁没在职场冲突中甩过气话或阴阳怪气呢?谁没在背后指指点点、把错全怪到别人头上呢?谁没有过为达目的而不惜搞点阴谋诡计的时刻呢?但是,这些行为有用吗?会让我们看上去体体面面吗?冷静公正地处理问题,而非夸大其词或指责他人,更能够促进合作,达成和谐相处。("琳达,我担心亨利书稿没法在10月1日开会前如期拿到。你觉得这一两天内有可能把稿子交返给我吗?")

我记得我在初入职场时碰到过一次意外状况。我冲进主管编辑办公室,把一本做过标记的校样摔在他桌上,说:"对不起,这样的工作,我做不到!要么R太太走,要么我走!"我很幸运,主管没吓唬我,没塞给我粉色解聘书。出乎意料,他哈哈大笑,逗得我也笑了。但要知道,并非每次大发雷霆都会得到这种好结果的。恰恰相反,这种行为不但会让我们自己难堪,而且很可能会激化矛盾。换成现在,面对这种情况时,我会直接去找R太太本人,有话直说:"我希望咱们能用更好的方式合作。谈谈好吗?"

跟愤怒相似,负面情绪也会令办公室气氛沉重。因此,请做好情绪管理。在充满竞争的环境中,你可以拒绝竞争。如果汤姆因高效得到了表扬甚或奖金,那请你回过头来重新审视下自己的工作习惯,找出低效原因,思考如何改进以提高效率,而不仅仅是为了跟汤姆攀比。事实上,你甚至可以向他取取经,学习他的工作秘诀。在充满猜忌的环境中——互相隐瞒信息或在会上互戳伤疤,你最好拒绝加入这种游戏,慷慨大方地分享你的知识。代表团队做展示时,你一定要确保自己掌握了团队一切最新动向;如果你手里有某些你知他不知的信息,那不妨提点下那位团队成员,以免其尴尬。["芭布,我在为开会讨论詹森(Jenson)书稿进度做笔记,但我还没拿到所有设计稿。如果你现在做完了,请及时告诉我——那样我在会上就不用再专门点名这回事了。"]殷勤礼貌其实并不费劲。你可以注意控制下自己平时的小习惯,比如别人把工作扔你桌上时,你会当面皱眉头;但其实你可以冲他微笑,感谢送稿——虽然你跟他两个人都不会真心相信这句话。虽然并不强求乐观,但你仍有可能在自己的办公室里营造出一种礼貌互助的新气氛。

电邮礼仪。这本书的读者,你们中可还有人不知道回复"全体成员"或键入收件人地址时(你的邮箱收件栏能够通过一两个首字母就自动联想地址的话,更要注意)一定要慎而又慎吗?大家都吃过电子邮件的亏吧:发信太简短太直接,会被误解。打错字、附件过大导致系统崩溃、邮件病毒感染了亲朋好友的电脑,一切尴尬,都是家常便饭。滥发邮件导致冒犯或羞辱,这也是众所周知的巨大风险。在这里,我想提供几条电邮礼仪方面的建议,希望能帮助你有效避免误解、烦扰与羞辱。

首先,转发邮件。除非你与同事沟通后达成了某种工作共识,否则不经询问就转发同事邮件,这极其不礼貌。而且就算达成过共识,你也必须小心谨慎。我就曾经历过这么一次糟心事。一个同事把我们之前讨论印务安排的邮件发给了某位社外顾问,却忽略了邮件开头我曾写过几句不太耐烦的话嘲讽顾问("奥维德想要这、想要那,我怎么回复他?")。还有一次,一个组稿编辑把我的初审校样转发给了作者本人。校样中的批注都是为了社内组稿会讨论而写的;

我指出，该书稿语句方面比较笨拙，内容方面需要清删，还列了待修改问题清单，而完全没提书稿优点。这当然不是我所期待的初次编作沟通。转发邮件的另一条规矩是，首先检查原始邮件地址栏中是否本就已经包含了收件人信息。我有位上司，经常会转发邮件给我，而这些邮件我其实都已经收到过了。这种重复转发不仅增加了我收件箱的负担，而且有时会造成一种"似曾相识"的困惑局面。

其次，随便将邮件抄送给收件人外的其他人，这很不明智。除非万不得已，无论如何也联系不到收件人本人，否则决不要这么做。如果不给收件人本人机会解释，就抢先把邮件抄送给她上司，那就更显恶意满满了。我自己也吃过好几次这种亏——因为说不清原委的错误而被群发邮件公开羞辱，真的尴尬又恼火。

就算邮件内容本来并不会引发纠纷，抄送也不合适。比如我上司曾抄送过我一封无关紧要的邮件，发件人却在信里谈到我所负责的某项工作需要接受上级监管。我有位作者，习惯在给我回复时也抄送一份给组稿编辑，这导致我极不乐意给他写邮件。他压根就不明白，我并不希望别人看到我所纠结的编校问题。我还请过一位外编，他永远都会把账单发给我上司，丝毫不在乎上司还要重新把账单发给我，我抄送、处理再返还给上司。你想想吧，这整个流程近乎可笑。但这就是发生在我鼻子底下的事儿啊。是我太敏感了吗？也许吧——但如果我敏感了，那别人八成也会敏感。因此，一定要三思后行，能私下解决的，绝没必要大张旗鼓公开。

第三，邮件标题要具体；这既是对收件人的礼貌，也是日后搜索信息的帮忙利器。"是的——紧急！立即着手"这样标题的邮件，其所引起的重视程度，肯定远远超过你忘了在标题栏写上"重要"二字的邮件。这是放之四海而皆准的道理。如果你注明"希普利（Hippely）书稿插入文字"，那么命令一定能得到准确执行。如果你想偷懒只敲回复而不重输收件人地址,为求方便就直接回复之前收到的老邮件,那也可以,但至少更新下邮件标题栏内容。

最后,设置自动属名时,请完善联系方式信息。毕竟对于通信人来说,到处寻找你的联系信息,并不是件特别容易的事。

逐级工作,避免越级

上文中,我举过两个例子:一个是私下询问琳达能否准时交稿;另一个是向 R 太太提出一起谈谈如何才能合作顺利的问题。这两个例子的关键都在于锁定工作的首要负责人,并且锁定这一个人进行单独沟通。在相似的情况下,我也曾抄送过群发邮件,如:"琳达,仅供参考,亨利项目现在眼看就要赶不上会议日期了。"不提原因,只说后果——人人都会认为琳达要为拖延负责任。但是发信人知道琳达前一天才刚刚收到文件定稿版本吗?发信前私下与琳达沟通,或许能够帮你找到一种更加委婉的措辞方式。

如果某本纸质校样在办公室中传阅,不断接受层层修改、签发,这时你会特别想知道是谁改了你的稿子。我的一位杂志编辑朋友讲过一件轶事。某次她从上司那里拿回自己编过的稿子,发现上司"更正"了亚伦·科普兰(Aaron Copland)的名字,在空白处写着:"是 Copeland 啊!!!"我朋友大怒,大笔一挥:"读音或许是'Copeland!!!',但拼写就是'Copland'。"她重新改正了人名,一点没给那位资深编辑留面子。虽然我感觉她内心深处觉得回敬得挺痛快的,但她也承认这样并不礼貌。

"逐级工作",意思是工作时讲究规矩和惯例,而不是随心所欲瞎开炮。说得实在点,它指的是,若想解决问题,就要首先找出谁是第一责任人,除非迫不得已,否则一定不要跳过本人、越级上报。

有一次,有个新手外编发了一份索引给我——是为一本急稿赶出来的,质量奇差。惨不忍睹,我满脑子里响着警笛:(a)做得太差!(b)延误!(c)编个借口!我都已经从椅子上跳起来往门外走去找管理编辑了,但半路上又停下来重新想了想。我把索引拿去给组稿编辑看——组稿编辑更熟悉书稿内容,也能够帮我印证索引不合格的看法。之后我回到电脑前,开启修订模式重新做了几页,然后把新做的样稿发给自由外编,并做了相应的解释。我要求他修改,并且重申了稿件时间紧急。发完邮件之后,我立刻又给他打了电话。他迅速明白了索引的问题,不好意思地道了歉,保证一定尽快改好。不到24小时,他就发来了超棒的修改稿。

在我看来,这种寻根溯源解决问题的策略,至少能令四方获益:我拿到了索引,只迟了一天;外编学到了东西;主管编辑省了许多麻烦;读者也能看到真正有用的索引。而且还有额外收获:做索引编纂的这位外编,在这次迅速而专业的修改中,展示出了其学术素养与协作精神,我十分愿意继续与他合作,因此,出版社也没有损失这样一位优秀外编。

最后提醒一次:逐级工作与邮件礼仪相辅相成。转发或抄送邮件前三思后行,能够规避不必要的尴尬,有效防范小吵小闹恶化升级成深仇大恨。

编校分歧

本章开头我引用的那几条抱怨,有过团队工作经验的编辑一定会觉得似曾相识。与同事争论编校事务,其实跟与作者辩论没什么两样。最主要的几个难点在于:(1)你与你的同事都奉行同一份编校规范;(2)你跟同事洗手间里天天见(哦,至少一半人天天见吧)。

编校规范指南是编辑室里最权威的工具,因此,解决编校分歧的第一站就是诉诸规范。如果你决定不按规范来编,那就必须能够自圆其说,说服同事。我有位同事就曾遇到过这种情况——他有位作者,想要在书封上以大写形式强调她的职业头衔,但我在审阅校样时把头衔改成了小写。他给我发邮件申诉,这封邮件非常讲究策略,恭维话不断,从头到尾笑容呼之欲出,堪称申诉典范:

> 嗨,卡罗尔——我看到你把书封上的头衔全部改成了小写,当然改得特别对。作者跟我们提出过要求,希望头衔大写。她的要求和抱怨都挺多的,大部分我都拒绝了,但这一条我觉得似乎答应了也无伤大雅。我知道不该这么做,我真的在排版编目阶段跟她辩论过一轮了(而且还赢了),但是这次就小小破例一回不守规范吧,你觉得呢?如果实在不行——我也能接受能理解——那我就装作没看见改成小写吧。多谢了。☺

这让我非常好奇,在他眼里我究竟是个什么样的人啊,但是他这样写信恳求,显然更容易得到我的谅解。(然而,其实这场讨价还价本可避免——他可以直接在稿子空白处写上"应作者要求破例一次"。)

在分歧严重的时候,请复习第四章中应对作者的几项策略:检验拒绝的动机;陈述情况时讲究策略;如果事涉偏好而非正误,不妨放他一马;还有最后一招,求助权威。但如果恰巧跟权威发生了意见冲突,那该怎么办?管理编辑或上司也是人,也是同事,只不过比你地位稍高,权力稍大而已。在保持体面的前提下,尽量替自己争辩,不要轻易投降放弃。如果最终你觉得自己被强迫接受完全错误的决定,那么一定要保存好你据理力争的证据。如果证据逐渐变得越来越多，那这时你可以考虑把这一页翻篇，重新开始了。

负起责任

如果办公室里弥漫着一种"明哲保身，出事就躲"的气氛，那么身为主管，你有义务担当起重建积极协作工作环境的责任。积极协作的环境会激发出工作活力。如果无须再为上当被坑而提心吊胆，那么同事之间自然会形成一种慷慨大度的包容氛围——他们不仅会有福共享，甚至会有难同当。当你说——"对不起——我本应发现问题的"，同事们或许会回答："没事，我们都本应发现问题的。"

如果你担心人们会因本来与你无关的错误而指责你，于是就开始到处抱怨，这样的做法其实不会带来任何好处。如果你觉得必须把事情掰清楚，那么找一位你信得过的权威人士，私下低调询问，这样的做法要合适得多。（"我不太明白究竟发生了什么事，但是我希望能把来龙去脉弄清楚，以免同样情况再次发生。如果你有空的话，咱们俩能一起聊聊这事吗？"）愤怒与戒备或许会短暂地驱散指责，但是这种防御态度不会给你赢得好名声，也不会让你跟同事今后相处更愉快。

如果你必须与人紧密合作，而那人又经常给你惹麻烦，那么如果可能的话，试试大度一些，尽量和谐相处。我的一个朋友，1970年代曾在一家费城地方报纸负责终校工作。那里的编辑室主任特别古怪，如果校样大小超出页面，他会用X-Acto裁纸刀把多余部分裁掉扔垃圾桶。假如裁掉的部分把句子截断了，他会直接用钢笔在后面戳上个句号完事。我的朋友花了大把时间，翻垃圾桶找裁掉的故事结尾，然后苦苦哀求主任允许她重新编辑，把故事讲完。没错，这种做法确实存在种种不妥。但是，我的朋友保住了自己的工作，也没有害主任被解雇，读者也最终看到了能读得通的故事。①

设法善后

就算你心怀善意，打算通力合作，但总归有某些时候，你会被逼到自身难保的境地，而不得不只为自己打算了。这样的时刻，或许是一个大错损失了一笔大钱，或许是陷整个公司于尴尬境地，或许是春季募捐会上，女赞助人照片下面的介绍文字不小心配上了孔雀开屏照的说明稿："这只老鸟从动物园岩石背后钻出来，打算晒晒春日暖阳。"（一个朋友信誓旦旦地说，这是发生在他们报社的真事。）如果有迹象表明问题或许出在你那里，那你就一定会被要求做出解释。

自我辩护时采取什么样的姿态，你需要慎重决定。做出选择前，你要先找对方法，这时你手头的日程安排、日志记录、待办清单以及分类文件夹就派上用场了。在这些记录中，你肯定能找到一些佐证，来捋清事件重要节点的时间线——谁通知了谁，确切的交接说明是什么。而且因为你已经养成了归类整理所有相关记录的好习惯，所以你一定能在这些材料中找到需要的佐证。

但是，使用证据须明智。不要冲动地把证据群发给二十个人，或冲到主管办公室得意扬扬地甩出打印稿。如果别人气急败坏地要求你做出解释，这时你的冷静与理智会有效阻止矛盾恶化升级。"我已复盘了事情经过，可以肯定自己没有做出任何给项目拖后腿

---

① 在这本书里，我所写的都是有关编辑工作的修补性小建议。如果你在职场中遇到的麻烦制造者有严重越界的行为，如性骚扰、霸凌或其他违规及危险动作，那么本书对你就显然远远不够了。你应该去找主题更严肃的书来做参考，并且向主管或人力资源部求助。

的行为。如果认定这是我的错,那我也想知道自己错在哪里。"

当然,如果你发现自己确实闯了大祸,那么是否承担全部责任,这也是需要你来做出决定的。我来帮你。"我犯了大错",这话可能不太容易说出口。但是,如果这种道歉只是偶一为之,并非常态,那么其实承认错误并不会有损你的名声,尤其是你还可以在道歉过后,附上一个确保相似错误不再发生的解决方案。把这件轶事写到你的回忆录里吧——谁都爱看别人闯祸出糗的故事。①

记载成就

我知道我曾说过,我们选择做编辑并不是为了声名荣耀——但是对于文字编辑来说,最好的奖励就是作者心怀感激,能想着在"后记"中鸣谢一句。假如作者对你的编校心怀不满,那你身边的同事也一定会有所耳闻。因此,当你的编辑工作得到积极正面评价时,无论是正式出版物中的鸣谢还是邮件感谢,请一定把这些表扬备份存在你的"炫耀文件夹"里。我们的管理编辑常提醒大家把作者感谢发给她——她会把这些文件整理存档,跟上司谈判宣发与拨款预算时,随时引用以壮声势。外编也可以从出版机构官网上下载与其相关的正面评价。

自我推销并不意味着不够谦逊。年终绩效评估时,你很可能会被要求总结本年度的工作成就。所以,成绩到来时,最好把它们一

---

① 想知道我闯的大祸?25 年前,我编校的一本学术专著封面上,作者的中名缩写首字母(middle initial)写错了。那天早上我永世难忘。我走进办公室,看见组稿编辑(一位经验丰富的地图绘制师)正在捣鼓怎么把寄送作者的 20 本样书上面写错的字母抠下来换成正确的。最后他绝望了,放弃了。作者脾气好,没有大发雷霆。但直到现在,我去网上搜这本书时,仍能看见图书封面图一栏赫然写着"图片暂缺"。

笔笔记下来，存到文件夹里备查。按时完成了一项繁难任务，在预算内解决了问题，编辑了一本获奖作品，与团队成员精诚合作，编辑工作量大幅提升，参加了编辑培训课程，出席会议——这一切可都是值得在年终总结时大书特书的成就。

答：有时，这也可以。

答：有时，这也可以。

答：有时，这也可以。

答：有时，这也可以。

答：他错了。祝你好运。

11　外编的困境

问：你能告诉我，怎样才能成为一名编辑吗？

为自己打工——但老板也不少

不是所有的编辑都在办公室坐班，也有许多居家办公的独立签约编辑。外编的生活自在有趣，前提是你能遇上靠谱的客户，拥有稳定的收入。不用人际交往，不用朝九晚五地打卡，这能让你灵活自由地安排时间带娃、旅行、写作或做任何想做的事。弊端当然也是有的：没有带薪事病假，没有技术支持，没有医疗保险。但是在本章中，我不想讨论自由职业的是非利弊：在职编辑会常常谈起挣脱束缚，而自由外编却在梦想拥有稳定工资。无须多说，自由外编已然发展成了广受编辑与出版机构认可的、规模庞大的行业。

自由外编面临的问题与在职编辑大同小异。你也要面对截止日期、项目重叠以及秉性各异的作者们。你也要用软件工作,跟同样的冲动做斗争。当项目规模超过你一个人所能完成的范围时,你或许还必须与同事或雇主协同工作。虽然大同,但小异其实还是存在的,而且它们也并非那么微不足道。

最明显的差异是,自由外编可能会同时为几个雇主工作,也就是说,你的工作记录必须完整翔实且分类有道,以便准确追踪收入与花费。如果你的雇主们各有一套独特的编校规范或定稿流程,那么你必须要准确把握每一个雇主的编辑要求——谁用什么词典,遵守什么编校指南,还有指南之外的个别破例。自由外编与在职编辑的另一个重要差异在于,你需要与其他外编竞争工作机会,因此,如果你收费昂贵,那么很可能会竞聘失败。

困境之一:屋漏偏遭连夜雨——接下竞品项目

外编一般无须专门设置工作日程与截止日期。编辑会打电话或写邮件问你能否接稿,告诉你截止日期与预估的编辑工时。如果他急着找人,而你接不了稿子或没有充足的时间在截止日期前完成,那他或许会主动改变日程安排来适应你的进度。但是如果你急须接稿,却感觉她并不着急,那你就别再冒着丢工作的风险来讨价还价了。因此,第一个困境来了:要么实话实说,告诉她你没空,然后丢掉这份工作;要么你也可以说"当然——我愿意接这个活儿",然后熬夜赶工交稿。

这种麻烦,即使是从业多年的资深外编也常会遇到。主管编辑常会被迫面对这样的结局:外编打电话或发邮件过来,说校样要拖稿延期了。精明强干的项目编辑会提前做好日程安排,能允许一点点延误;但你也不是总能碰上这种好事——而且即使碰上了,得到了允许，这也并不代表他就没生气，或者下次雇人的时候不会想起你之前的拖拖拉拉。明智的做法是预估你的工作时间与产出效率。你要清楚自己平均每周能拿出几个小时来做编辑，大胆地把工作时间告诉组稿编辑，看看他能否以此为参考调整出版日程安排。倘若你以速度慢但质量高著称，那其实也算得上有好口碑了。编辑不会把急活儿塞给你，但派发时间要求比较灵活的稿子时，他可能会首先想到你。（速度慢但水平高，如果你能树立这样的口碑，急活也肯定不会来找你。）编辑能够与各种风格的外编合作，但是，如果出版时间充裕，在他心里，优秀可靠的工作品质，肯定比速度快更加重要。

尽管你可能会视其他外编为竞争对手，但是在校样撞车的情况下，如果你能举荐一两个人协同合作的话，这也不失为一个很好的救急策略。主管编辑会感谢你的推荐，而且如果你推荐的几个人都入选了项目的话，那其实是一个多赢结局。当然了，推荐合作伙伴前，你一定要先确定他们的业务能力是否与你旗鼓相当。

困境之二：预估错误，谁来担责？

经验老到的文字编辑对第二个困境不会陌生：你签下了一个项目，兢兢业业地干活，但突然发现你预估的工时已经远远落后于应有的进度了。八成要延期了，就算你还有余力加班赶工，也一定会有所困惑：请对方付超过预估工时的加班费，这样的要求明智吗？你的工作讲究诚信——雇主没法确知你是否真的花费了那么多时间加班。你也会思考，假如抛出工时的真实数量，对方可能并不相信，甚至会怀疑你夸大数字想多收钱。两难境地出现了：要么惹恼编辑，多收超出预算的工钱；要么委屈自己，加班赶稿却拿不到应有的报酬。

我猜大部分外编碰上这样的两难境地时，都宁可选择欺骗自我，而非欺骗雇主。（一位资深外编跟我讲过，她早就已经放弃计算工时了——直接按预估工时算账完事。）但是你甘认吃亏之前，还应该仔细想想，为什么这个项目所费工时会超出预估这么多。请扪心自问两个问题：

问题一：这个项目是否包含你所不熟悉的部分，且又必须自行摸索解决？你刚刚进入文字编辑这一行时，是需要一个磨合学习期的。让雇主为你的学习期付钱，这的确不太公平；但是，换个角度想，他们容忍新编辑短暂的学习期也是为了替将来的合作做人才储备——对于社内正式编辑，他们也会有同样的学习期投资。假如项目任务比较基础，且能从中熟悉未来相似工作的处理程序，那么你可以选择自行承担大部分学习费用。假如任务比较困难，而且短时期内碰上相似状况的机会也不多，那就平分差价，收一半的超额工费。如果任务极其棘手，连老编辑都要摸着石头过河，而且此后也大概不会再遇上，那么，这时你可以向雇主解释清楚情况，要求补足额外的工费。

问题二：加班超时是否真的必需，或者说，是不是进度缓慢或强迫症导致了超时？如果你不知道如何使用快捷键把英式标点转换成美式标点，而决定一个一个手动更改，那就不应该要求别人为你的愚昧无知与错误判断而额外付钱。你可以向人求教如何自动转换，也可以咨询主管编辑是否一定要调整格式。某些小修小补，你还可以标注出来，要求排版员统一清改。

困境之三：吹笛手要账了——发单收费

对于自由外编来说，最发愁的事情或许就是钱吧；在职编辑每月都能收到稳定的工资。而你孤身一人,谋生时总会有伸手乞求之感。不仅如此,你还会反复思量自己究竟是要多了还是要少了。这让我想起自己14岁时,偶然得知新年夜照看小孩,别人都能赚到5美元左右。我发觉自己50美分1小时工钱的显然太低了——这个数字从我妈上高中那时候起就没变过——我那位东家还经常拖欠少给。因此,当斯图比太太(Mrs. Stubee)要我新年夜去看孩子时,我跟她谈了节日薪水的问题。出乎意料,她一口答应了。但是你肯定想不到——他们晚上6点就把孩子扔给我,第二天凌晨5点才回家。11个小时,斯图比太太得意扬扬地付了我5美元,一个子儿不多。这件事我永不能释怀,虽然吃这份亏让我知道了什么叫作最低薪酬率。

收多少钱? 身为服务类行业的从业者,你有权自行定价,你的主顾也有义务询价。问询之后,各方都有权利讨价还价。谈价钱的诀窍在于,清楚知道薪水取决于:(1)经验多寡;(2)服务内容;(3)雇主是谁。这几条的关注点各不相同。但是,总结下来:初入行的新手编辑的价格不可能高于经验丰富的资深编辑,文学作品的校对不可能跟科技图书的文字编辑赚的一样多,做童书的编辑也不可能挣得到公司法务顾问那么多的钱。

搞清楚自己的位置,这是需要花些功夫的。你可以去编辑行业自由从业者协会等专为外编开办的网站做做调查。① 或者,如果实在没办法,你还可以坦率地问问新主顾,她一般都会为你这样级别的工作付多少钱。你可以说(假设是真的):"我觉得我的从业经验,在你的名单里应该可以排到中游水平。"倘若你觉得自己的实力过硬(要雇你的人肯定已然了如指掌),且能如期完成紧急任务,那么

---

① Editorial Freelancers Association: http://www.the-efa.org/res/rates.php.

你也可以问问最高工资数额是多少。你或许觉得让别人先提钱是一个保持低调的好办法,但是,最好把问价钱当成一个练习谈判技巧的开端。许多管理编辑处事都非常妥当公平——她们希望找到并留住优秀的自由外编——但是如果他们开出的条件低于你所调查(或你所需要)得到的数字,这时你一定要问:"能稍微多加(X 块)钱吗?"如果对方拒绝,你就应想好是否要接受这份工作了。不要一辈子都把自己锁在固定的薪水金额上。随着经验积累,雇主会越加倚重你的工作。在某些时刻,你会感到自己产生了质疑的底气:"到现在为止,我都已经帮你做过 X 个项目了,这次你能不能给我加点薪?"

我的一位同事,在本职的文字编辑之外还兼做自由外编,她强调说,尽管有些工作非常重要,但你的客户们却不一定知道它重要。她告诉我,如果雇主对编辑工作毫不重视,那她也会毫不客气地教育他们。如果他们送你校对的稿子编辑得稀烂,那你很可以找段样本返回去,建议他们下次再这样不如直接找你来做责编。

赚钱收账。理论上来说,如果你已经建构出一套固定工作程序,那么收取报酬也会变成自动完成的例行手续。工作开始阶段,最好白纸黑字地签署收费清单或合同。如果你的雇主懒得走形式,而你也无所谓,那么请你最起码保存好双方达成共识的存底记录。着手工作前,比较明智的做法是先发封邮件确认合作条款,至少也要等到你与对方(个人或机构)合作默契无间再省略这些步骤。如果刚刚开始接触编辑工作,你会很希望能够提前预支部分薪水。如果雇主是个人(相对于机构),且是否值得信任还不好确定,那么要求预支薪水是非常明智的。但是除去这种情况,预支薪水其实并非工作惯例。更普遍的做法是在完成部分工作后,寄一张部分收款发票过去。但是要注意,这种做法一般仅适用于工时两个月以上的大项目。你也可以问问雇主如何做比较合适。

编辑完成之后,你可以直接把发票附在校对稿袋中送走,也可以等到客户确认收稿并表示满意之后再送发票,但是等待时间要控制在两天之内。对外编而言,只有对方按时付款才能保证你有稳定收入。你也许会担心雇主不高兴,但恰恰相反,雇主其实会非常感激:发票延误会影响预算,按时发来账单反而会方便财务记账。

外编偶尔会来问,我是否可以报销印刷费或邮寄费,我是否可以自行打印稿子寄给作者。这些问题应当从工作一开始就界定清楚。现在大部分编辑工作都不会产生打印或邮寄费用,所以你不能要求客户为这些开支额外付钱。还有一个常见的错误做法,就是要求主管编辑本人完成那些她认为已经委派给你的工作。如果你在工作中的确产生了某些费用,那记得保存好发票并及时提交。

最后,仔细做好收支记录。等你赚到的钱到了一定数目,联邦政府就会来查账了。既然没人为你代扣税款,那你就得自行计税,按季上缴。①

对付赖账。很幸运,我认识的大部分外编都没遇到过拿不到报酬的情况。但是许多人都经历过逾期付款,所以除非你有别的办法还贷款,否则你必须确保自己收得回薪水。如果 30 天过去了,对方还不支付,那么按惯例你就可以滚动催款巨轮了:发邮件,附上账单,礼貌询问对方是否已经邮寄支票了。需要的话就再催,一直催至款到为止。假如遇上无计可施的罕见状况,你或许还得威胁对方准备起诉。打官司,听上去多夸张啊,但是这肯定比你雇几个街头霸王打上门去更礼貌更合法吧。

---

① 可以查阅"Topic 554: Self-Employment Tax," http://www.irs.gov/taxtopics/tc554.html。

你不是孤身一人

身为自由外编，你可能的确孤身一人居家工作，但是编辑同侪社群其实近在咫尺，如同手边的键盘或电话。你有疑虑困惑时，尽可以去找他们寻求帮助。

如果你有组稿编辑或管理编辑，那么他理应把控你的工作进度、回答你的困惑疑问。询问编辑时，如果你能把问题汇集起来定期询问，其效果肯定远远好于随心所欲临时提问。但是你也应该知道，他宁愿随时回复你的咨询邮件，也不希望在拿到你编完的稿子时看到一大堆待解答疑问。管理编辑的意见反馈，这也是你职业教育的重要一环，因此，尽力把询问管理编辑意见变成一种工作习惯吧。

在你所居住的城市里，或许能找到某些自由外编分享信息与人脉的小型社群。这样的互助小组或许能帮你找到机会去洽谈业务、建立人脉以及共享工作资源。

如果在某个简单基础的编辑问题上卡壳了，那请你自力更生做作业吧。如果编校指南或字典全帮不上忙，那不妨试试线上搜索。电子书签可以很方便地收藏有用的线上信息。有的时候，你手握所有相关信息，但仍无法做出决定，那不妨加入线上编辑互助小组寻求解答。这些小组会令你大开眼界——事实上，你会好奇，那些天天在饮水机边上摸鱼聊天的人，究竟是怎么把工作做完的。

还有其他做作业的办法吗？好嘞，马上来了。

答：其实我也不知道。

12 我们未知之事：时刻保持专业性

问：我的好多朋友和同事都会把"invite"用作名词，比如"send him an invite"。我觉得这种用法太简慢偷懒了，尤其是明明有更准确的"invitation"可用。是我太古板，拒绝新变吗？

想象一下：自高中或大学起就再没研究过历史、机械工程或生物的人，会顺理成章地自认外行——这些学科都在随时间发展而演变进步。他们决不会梦想去假充教授、工程师或医生。然而，即便我们最后一次钻研英语还早在1992年，但是很多人会莫名自信，觉得自己学到的那些知识——什么句子不能用"hopefully"开头了，什么"none"永远只能以单数形式出现了——就是语法的终极法则。更不要说，那些1992年教过我们的人，她自己学的是1972年的语法，而这些语法八成又脱胎自1952年版的教科书。但不管怎样，我们永远相信自己少年时代学过的英语语法规则。在语法问题上，文字编辑或许比任何人都更加自信。这可能也是我们选择这个职业的原因之一吧。

我都数不清有多少次被问过这样的问题了："这规则什么时候改的？"似乎有什么专人或专门组织负责管理英语，似乎语法规则改变要大张旗鼓昭告天下，而且能通过编号与日期随时查找一般。然而，根本就不存在什么放之四海而皆准的、天赋神授的编校规范与语法规则。语言的演变是群体力量的结果。形形色色的声音、目的与行文风格差异，也同样会引发变化。专家们不断在编写新的语法著作、词典与编校规范指南，也正是由于那些旧书日趋过时淘汰，不同的写作形式需要不同的规范指南。规则有时非常坚挺可靠——尤其是语法规则——因为它们适用度极高；但是有时你也应该看出，它们之所以能成为规则，只不过是因为老师的不断灌输让我们相信了它们是规则。

不幸的是，大学不会颁发文字编辑专业学位证书。任何人，只要你能在杂货店招牌上发现一两个撇号错误之类的不规范用法，似乎都可以做兼职文字编辑。那些出色的文字编辑，一般都曾在出版社或报社接受过相关训练。他们从校对做起，逐渐在资深编辑的监督与指导下，正式开启了编辑生涯。但是这样的好机会，并非人人都能遇到。

新手编辑一般需要几年的时间才能成长起来。有人学得艰难：把书编得稀烂，怒气爆棚的作者亲自莅临指导。新手编辑也许能改出小错，但常忽略大错，而且一旦他们着手改错，反而有可能**错上加错**。他们决定把数字全改成拼写形式，却总会丢三落四漏掉几个，原本没问题的稿子生生被改成了前后格式不统一。他们会把词典里尚未收录的专业术语删掉，找个常用词代替，而全然不知这样一来整个句子意思全乱。他们从没听说过虚拟语气用法，所以会执着地把它改成一般过去式。他们会做无用功调整句子结构,目的是清除所有被动语态。他们**毁稿不倦。**

　　语言并非唯一随时间流转而不断变化之物,恐怕无人能否认技术手段的常变常新。你刚掌握了某一版 Word 或电子邮件或手机的用法,好景不长,新版本出了,一切都要从头再来:新功能、新快捷方式、新混乱,推翻全部既定习惯。但是如果编辑一直抱着原来的技术不放,同样会因缺乏合适的技术工具而毁掉作品。

　　别把怨气撒在我头上啊,厌恶技术这个话题也是老生常谈了。技术不会让你变得更愚蠢、更孤独或更没有灵魂(但我承认它有时会让你恨不得要杀人)。我并不是在说你一定要紧跟潮流、追踪最新版本;但是,如果你以编辑为业,那么将技术工具更新到编辑工作所需要的标准版本,显然也是顺理成章的。你必须能够顺畅收发电子文档,避免出现异常格式转换或数据丢失——这意味着你要拥有能够兼容各种格式的系统,能够实现搜索与交流的高速互联网连接,以及能够以电子形式处理、发送较大文档,不管它们是扫描的、压缩的,还是需要上传到共享服务器或云文档盘中的。熟悉 WordPress 博客平台或更多高级内容处理系统,对编辑来说越来越实用又重要。随时随地灵活掌握客户的喜好,这一定会对你的事业有所助益。更重要的是,你自己的需求也在不断变化。偶尔找机会问问客户,看他们都在用什么技术工具。有些时候,不想多花钱或懒得技术升级,也能对付下去——但是,一旦你不再更新设备与技能,那么慢慢地你就再也找不到工作了。

　　除了这些微观图景中的小问题以外,你还需要留心追踪宏阔世界中出版业与出版技术的发展,尤其是如果你打算自行创业或者希望在职业道路上稳步推进的话。你要知道什么叫快捷数码印刷或按需印刷,熟悉个人出版的各项流程,了解目前最热的版权与版税争端,打听谁买下了什么东西(报纸、商业小说、童书、大众市场书)的什么形式(纸质版还是电子版)。如是种种有助于你根据市场动态调整自己的学习方向;启发你思考如何拓展自己的业务范围,如何更新技术储备来适应新编辑形态的要求;可以让你在与潜在客户、雇主的交谈或在会议与工作坊的发言中显得言之有物;还能在科技巨轮滚滚驶过时,让你不至于沦落成手里挥着红铅笔的最后一个卢德派①编辑。

编辑技术跟不上潮流,这意味着你将以花样翻新的手法毁人不倦。随便选一个吧:祸害校样;惹怒作者,迷惑作者;让雇主、客户尴尬;让读者摸不着头脑、哈哈大笑或震惊;砸自己招牌;丢掉工作,牺牲睡眠,丧失尊严;而且说不定还会毁了人生。但是别担心,以上一切皆可避免。掌握了编辑基本功,学会了操作各种工具,之后你就可以紧跟技术潮流了。学习的途径就是包含一切有用信息的互联网。幸运的是,大部分网站都很容易查找并免费,而且线上学习也不会扰乱你的生活。

如果你天生抗拒这种学习方式——如果你想跳过接下来两部分不看——那么至少也请读完"等等!回来!"那一部分,并好好想想其中的问题。

网站与博客

许多很棒的网站会为文字编辑提供免费资源:文字处理编辑工

---

① 卢德派(Luddite),意为反对技术进步革新的落后分子。该词源出自19世纪初的英国工人内德·卢德(Ned Lud)。卢德及其同伴认为工厂引进机器进行生产将夺走工人的工作,因此发动罢工捣毁了工厂机器。——译者注

具（在线字典、编校指南、同义词库、缩略词查询、宏）、教程（如何编辑、如何校对、如何使用软件）和工作招聘信息等。博客与专栏会发布专业作家、编辑、语言学家以及其他业内人士撰写的语法与语言应用小文章，评论者（如果得到邀请）也可以参与讨论。有的内容需要付费，但是你可以去图书馆，使用图书馆付费订阅的资料。（去公共图书馆办张卡，或看看你的母校是否给校友提供线上图书馆特殊服务。）我收藏了一些网站与博客做"深度阅读"。如果你常去某一两个质量不错的网站或博客，那么渐渐地它们会为你开启更多优质网站。用不了多久，你就会融入其中，或者默默倾听，或者参与对话。

社交媒体

如果你还没涉足过社交媒体的汪洋大海，那就让我带你巡视一圈这个水域中的种种资源吧，看看你能从中获得什么助益以及需要注意哪些问题。但是首先，我向你保证：是否积极参与，随心选择。就算只是浏览，你也一定会收获满满。

推特（Twitter）。推特这样的平台，你既可以随便逛逛寻开心，也可以把它变成有用的学习与线上人际合作工具。这或许会让你感到惊讶。我还记得当年现代语言学会（Modern Language Association）发布推特来源资料的学术引用规范时，在网络上引发的轩然大波。很多反对者震惊莫名：推特居然也成了学术引用的合法资源了！①我也很震惊，居然有这么多人仍然狭隘地认为推特非常肤浅（尽管

---

① "How Do I Cite a Tweet?" MLA, accessed April 8, 2015, http://www.mla.org/style/style_faq/mlastyle_cite_a_tweet.

可以理解，毕竟它的名字听上去比较轻松愉快），居然有这么多人不仅对技术发展一无无知，而且还迫不及待地到处显摆自己的愚昧。如果有人引用基金会或公司网站上的数据，你会嘲笑他吗？有人引用政治家谈话，并附上谈话现场音频链接，你会嘲笑他吗？那么如果这些信息发布在推特上，那引用推特又跟引用其他网站来源有什么区别呢？好吧，也有一个区别，推特的读者轻轻一点就可以链接进去。我不否认推特上充斥着大量无用的废话，但是如果因此就排斥其中的原创评论、资源与数据链接，那未免太没道理了。按照个人喜好定制的 Twitter feed 是个效果奇好的净化与提炼工具，它能从每天雪崩般涌来的在线新闻中识别并聚合出一小部分与你兴趣相关的信息进行推送。

　　推特的普及，使你与陌生人的交流或许比跟朋友还多。交流可以匿名，且无须双向互惠：你可以关注某个用户，而无须得到其同意。如果你主要关注语言文字方面的作者与编辑，那么推特也会持续推送给你语言与编辑方面的信息链接。① 你可以时不时点进去看看他们在讨论什么。举个例子：去年有段时间，推特热议《牛津英语词典》将"figuratively"（比喻地、形象化地）定义为"literally"（字面上讲，确确实实地）的义项之一。我当时浏览推特，看到了许多回应：有链接到相关文章的，有链接到牛津词典主页的，当然还有作者与编辑们推特上的短评与阐释。我知道大多数优秀词典都早已收录了这个义项，但是从推特上的普遍愤怒中，我能够印证出一些已知事实：（1）许多人不理解词典的目的，相信收录某个词或某个义项就

---

① 除了关注个人用户之外，你还可以关注团体、报纸、网站、杂志或公司的推特，但是切记即使是官方推特，也是由某个或某几个人通过写作、发布来进行具体维护的，因此，其内容与质量也是参差不齐的。

意味着"认同";(2)有些人会在不明就里之前就习惯性瞎喷。这是一个很典型的例子,你只要花个十分钟随便扫扫推特文字,就能及时跟进热点争论——而且还能随时笑笑开开心。(毕竟,谁还没关注过@洋葱新闻咋的?)

脸书(Facebook)。你读到本书时,不管脸书是否正当红,它都依然是使用最广泛的社交媒体。脸书主要应用于亲朋好友圈交往,而不太指向陌生人交际或专业交流。由于所有有趣内容以及个人推送的文字、照片与视频都是按照你的需求定制的,就深入了解文字编辑与技术而言,脸书算不上特别便捷的学习渠道。当然,你也可以仿照我之前讲过的推特使用方式,单独注册一个脸书账号,专门关注编辑出版方面的账号。但是由于脸书的私密化、个人化特质,折腾到最后,你看到的可能仍旧是这些专业人士的家人、假期以及宠物动态,而没几条工作信息。

电邮列表(Electronical Mail List)[①]**与讨论平台**。在工作中,我们常会发现某个给定的格式或指南,初看不对,再看正确,再看又不对……而且由于不知道准确的语法术语是什么,还不太容易找到正确答案。我们也常会摊上棘手难办的编辑任务,而又不知该如何设置自动化编改。遇到这些麻烦时,文字编辑线上小组就能派上用场了。在脸书、推特、Copyediting-L 群组或《芝加哥手册(线上版)》中,作者或编辑都可以发布问题,寻求同行的建议与帮助。你可以通过职场社交平台 LinkedIn 加入编辑等职业兴趣分类小组,有些小组的活跃度极高。就算你得到的答案大相径庭,它们也会帮助你快速整

[①] 即众多用户在特定群组内群发电子邮件的服务。群组成员可以通过@群组名称,发送邮件给所有订阅者。Copyediting-L 就是一个在文字编辑群体中比较流行的电邮列表群组。——译者注

合理清问题,以便更加精准地进一步探究。退一步讲,至少你会觉得自己不那么孤独了。

等等!回来!

好消息来了。其实,你没必要像完成作业一样,到所有博客和社交网站上挨个打卡签到。有空的时候,随便逛逛,别总担心自己会"错过"什么重要信息。经常看看你喜欢的网站与博客,把它们收藏在 Feedly 或 Netvibes 等资源聚合订阅夹[RSS,即内容聚合器(aggregator)]里,方便的时候可以查看订阅夹:你会看到上次浏览后有新推送内容的网站列表。大略扫一遍标题和摘要,有兴趣的再点进去细读。常常关注的话,就没那么多课要补了——也就是说,如果出了语言文字相关的重大丑闻,它们是会保证不让你错过的。用不着费多大工夫,你就能知道别人都在讨论哪些语言问题,什么是他们在乎的,什么是他们觉得无足轻重的。(如果有谁 1 小时更 6 条推特,全是养猫日常,那你也可以随时取关他。)一不小心,说不定你也成内行专家了。

有人对社交媒体非常抗拒,因为担心会"成瘾"。我不否认,在论坛及电邮群组中,常常能看到整天挂在上面不下线的人。但是,我相信成瘾的风险其实是被过分夸大了。你能够自控:如果你不愿意时时刻刻查看推送,那就别在手机里安装相关应用。如果你不上社交媒体的理由是不熟悉电脑操作,那你在学会之前,可能先要经历几次失败,但我觉得这值得一试。尽管在注册网站或设置账户时,常会遇见不那么称心如意的波折,但据我观察,即使智商低于平均水平,他最终也能把这些琐事搞定。既然如此,你也一定可以,不妨把它视作工作的一部分吧。

上上课，读读书。但是如果你希望自己不断成长、学习并逐渐爱上编辑工作，那就一定要跟上潮流——跟紧互联网。

答：查阅《韦氏大学英语词典》(第 11 版)可知，你不赞同的这种做法其实已经沿用了几个世纪了。遇到某个令你感觉奇怪或过分时髦的词语时，不妨先去查查它的历史沿革；而且即使你自己仍然选择不这样使用，查阅历史也会令你在看到别人使用时保持宽容。

13　文字编辑的禅

问：写合同时常会把特定术语放到引号与括号中，如"ABC Corp.(the 'Seller') shall sell ten widgets to XYZ Corp.(the 'Buyer')"①。如例所示，起草这样的合同时，我总是会在右括号后面加上一个句点，表示句子结束。但是这等于在缩略词的句点后面又加了一个句点（括号忽略不计），对我来说，这就像钉子刮黑板声一样难以忍受。你有什么好建议吗？

编辑的强迫症

有篇博客文章曾经列过一份最适合强迫症人群的工作清单。有强迫症的人被描述成"工作狂"，"强迫症人群更喜欢在控制度较

---

① 意为：ABC公司（"出售者"）将出售十个零件给XYZ公司（"购买者"）。——译者注

强的环境中工作，会严守规则纪律，绝不允许任何逾矩行为。这个特点使得他们特别适合从事追求完美、统一与细节的工作，而不适合那些推崇创造力、想象力与灵活性的工作，也不适合团队型工作"。工作清单上列出的第三项就是：文字编辑。[1]

呃……真的吗？有时我也会好奇。我曾请一位外编帮我做稿件初编，等返稿回来时，满纸都是红笔标出的编改。他承认实在是"忍不住"。第二次我又请他初编，他依然如故。寄账单过来时，他会提及，自己花的实际编辑时间远远超出了账单中的付费工时；而在我看来，工作超量的原因显而易见，所以我也并不会纵容他按照实际工时算薪水。一想到他可能觉得我占了他的便宜吧，我总会有点小尴尬；不仅如此，我还注意到在第二个项目中，他过度沉迷于重写文字，以至于漏看了好几处打字错谬与拼写错误。

另一个编辑同事告诉我，在她学会如何将文档中的下划线文字替换成斜体字之前，她会把每一个带下划线的词语都高亮标出，手动修改格式。她也明白完全没必要——排版员会做好统改——但还是忍不住要这么做。

当然，我也准备好坦白我自己的强迫症了——那场脚注数字丑闻中的强迫症。更别提我的电邮文件整理系统了，更强迫症。

当我说"强迫症"时，我并不是说文字编辑比其他人群更易罹患强迫性精神紊乱——那种严重的、致残性的疾病。不如说，我指的是我们对一丝不苟与完美无瑕的执着，正是这种极为重要的特质引领着我们走向了编辑生涯。但是问题在于，你能为一份稿子所做的

---

[1] N. Nayab, "What Are the Career Choices for People with OCPD?" Health Guide Info.com, May 9, 2011, accessed December 18, 2015, http://www.healthguideinfo.com/living-with-ocd/p96632/.

事情是没有尽头的，但是别人支付给你的报酬却显然是有限的。有的时候，需要适可而止时，你就必须强迫自己停下来。

工作有道

编辑项目常会先做工时估算。芝大社有好几种不同的工时估算公式，但是我们都知道，这种估算只能作为大概参考。在我们真正投入编辑工作之前，谁也没法准确预计到会出现什么意外而阻碍工作推进。经验丰富的编辑知道，项目大概可以分成两种：(1) 一种能在预估工期内完成；(2) 另一种想怎么拖就怎么拖。问题来了，你怎么知道你手头的项目是哪一种？如果碰上第一种项目，你怎么才能"工作有道"？

如果你是外编，接到了一个一口价项目，那么可以说，按照预估工时计算出来的数字就是你能拿到的薪金总额，不会再额外支付了。如果你是按小时收费，那么问问管理编辑，就可以轻而易举地了解到该项目的重要性。（"假如实际工时超过了预估数字，也没关系吧？"）这并不是说编辑会告诉你这个工作不太重要，或用不着精益求精编到完美；询问的意义在于，如果他愿意在这个项目上投入更多资源的话，他会反复强调其重要性。他或许会承认预估工时只是个粗略估算。编辑希望你遇到困难时能及时向他反馈，但是某些时候，他也会很快回复你，建议忽略掉那些特别耗时间的棘手问题。

在规定时间内完成工作，是需要在多年工作中不断积累经验才能获得的技能。开始一个项目时，你可以算好距截止期限还有多少天，再用预估工时数除以天数。计算之后，你会知道自己大概应该每天投入几个小时以完成工作。如果你无法每天都挤出那么多时间，那么很可能是因为你所计算的工作日其实还安排了其他工作。

果真如此的话，你应该立刻告诉管理编辑，你没法适应这样的工作日程安排。（如果你是新手，预估自己每天能坚持工作多久时，请一定要慎重、保守，免得因为过度自信而陷入埋头赶工的泥沼——也许你会觉得惊讶，其实没有几个人真能每天坐在那里，保持八个小时的连续工作状态。）

下面，算算你每个小时要编完多少页稿子才能在规定时间内完成任务。计算方法如下：首先计算好预估工时数。如果粗略预估工时内包含清校对红时间，那么总数缩减15%左右就可以得到编辑预估工时数。（所谓缩减15%，就是用粗略预估工时乘以0.85，这样说可能更好懂一些。）然后，用书稿总页数除以编辑预估工时数，算算每小时需要编多少页。你可以把每小时编辑页数与每天工作小时数相乘，来计算每天需要完成的编辑总页数。

掌控进度。几天以后，如果你能跟上甚至超过预定进度，那么一切都好说。但是如果你耗时过久，那就必须要做出调整了。厘清进度缓慢的原因，并找出应对办法。或许你必须下定决心容忍某种在你看来并不完美的行文规范，只要它能逻辑自洽、保持一致即可。（这个决定或许会迫使你把已经修改过的部分重新恢复原样。）如果你从检查拼写偏离到了核查事实，那么赶紧把自己拉回来。有时事实核查也是工作的一部分，但是大多数时候，做事实核查只是因为我们无法抗拒。但你必须抗拒，如果你发现自己在连篇累牍地提问题或巨细无遗地做笔记时，试试在这上面少花点时间。如果你发现自己开始上网搜索作者引文或寻找缺失的信息，请停下来，把这些活儿留给作者本人。[①] 你可以直接询问作者。提高阅读速度。重温

[①] 许多编辑会替作者代劳到不可思议的程度。我有位同事在终校排版样中发现了许多错误，因为作者浮皮潦草应付完事，甚至可能压根没做校对。她对自己说："你不可能比作者更在乎这本书的。"然后，停下了准备替作者校对的双手。

下本书第七章吧：你是否把时间浪费到了本可以自动化、委托或重估的任务上？

非编辑任务也可能是耗时利器。如果你手头的几个项目，各陷在不同的出版流程阶段里，这时就该停下来重审自己的工作习惯与进度安排，看看可以从哪里入手进行调整。

你可能会担忧调整进度是否意味着降低编辑标准。别傻了。我们的某些所谓"标准"纯粹就是浪费时间，对提升阅读体验压根没有任何帮助。放弃这些无用功，把省下来的时间投入更有价值的任务中去——如果说为雇主服务意味着按进度日程表工作，那么为读者服务，就意味着我们要把时间用在刀刃上，决不浪费。因此你会看到，在本书中，黑体字的唯一用途就是标注论述重点：**稿子不需要完美无瑕**。

这有多叛逆呢？也不算特别叛逆吧。稿子不需要完美无瑕，因为没人能做到完美无瑕。就书稿而言，并没有所谓的柏拉图式的理念范式，没有唯一的"正确"形态，没有唯一的完美范式隐藏在大理石之中，等待你辛苦打磨后让宝贝重见天日。在规定的有限时间内尽力尽善尽美就可以了——清除明显的漏洞，改正每一个目力所及的错误，保持全书规范统一以便读者理解与欣赏，以及从实际情况出发，尽量让稿子贴合编校规范。

调整压力，防患未然

堆积如山的工作、日益迫近的截止期限、个人生活变故导致的精力涣散，都可能会令你崩溃抓狂。遇到这种情况，最好理清问题根源，找出应对之策。如果这样的压力状态持久不消，那你应该反思下自己的生活与工作习惯，做做调整。如果是偶有发生且较为急迫，那你不妨寻求帮助来协调工作。

工作压力缠身时，解决之道也许就是多给自己一点时间吧。或者看看心理医生，多睡觉，跟朋友聊聊，看个搞笑电影。[我朋友莎拉会选择听《飞天万能车》(*Chitty Chitty Bang Bang*)的原声大碟。]核心原则就是要在黑暗的工作隧道尽头，给自己点亮期待的灯火。

你可能十分不愿意向主管诉苦求助。这很正常，而且也不应该总倒苦水。但是，碰到真正走投无路的时刻，通情达理的上司绝不会因为你抱怨几句或出现失误就从此恨上你。有些上司甚至会因此而对你多加关注——如果你不愿分享，这可能算不上优点；但是假如你需要帮助，能遇到这样的上司简直太好了。多年以前我也经历过一次低谷。当时，上司写邮件过来说，我最近看上去有点"闷闷不乐"。我不知道自己的状态是不是影响了工作，但我还是道歉了——以防万一。他回信说，工作一切都正常，但"如果需要的话，不妨休息几天"，并且提醒我，可以去人力资源部寻求帮助。这就是一个堪称榜样的得体回复——鼓励支持，而非刺探隐私，保持着合适的职场距离。上司的回复让我很感动，下决心把自己拉回正轨，尽管当时的我自觉无须帮助，宁愿自行恢复。

好好生活

一言以蔽之，全力投入工作的秘诀就是拥有工作以外的人生。优秀的文字编辑都是受过良好教育的文化人。[①] 他们会说一到两门外语，有计算能力，见多识广。热爱音乐，阅读小说，养育宠物、孩子

---

① 我的第一份学术编辑工作是去应聘伊利诺伊大学出版社，其中一道考试题是名人辨认。我有个朋友在那里当编辑，我还没打算应聘工作时，她就给我讲过考试题目。她当时没认出来某位美国总统，一直觉得很丢人。本来我都已经把这事忘了，直到考试时碰到了一个不认识的名字，才突然想起来——因此我就蒙着写上了"美国总统"。希望能蒙对吧。不知是否正确，但最后我应聘成功，还送了鲜花感谢朋友。

或植物,装修过房子,或参加过《星球大战》见面会,如上种种,都可能会让你的工作更出色。

如果你能全力投入工作,但又明白编稿子不是生活的全部,那么最终你会理解,为什么我的前同事兼职业导师会在不降低标准或放弃责任的前提下,劝说我们:"请记住——它只是一本书而已。"

叛逆的滋味多甜美。

答:做做瑜伽?

14　你还想当文字编辑吗？试试看吧

有个众所周知的悖论：要想找到一份能让你积累经验的工作，你首先需要拥有工作经验。不幸的是，编辑工作也未能免俗。随着编校工作日渐外包给自由外编，出版社内的大型文字编辑室几乎已然绝迹，我们曾经习惯的老将带新兵式学徒模式也已不复存在。但是，管理编辑仍然会经常指导外编，以期培养一个较稳定可靠的编校团队。

在芝大社，我们常会寻找优秀的外编。招聘时，我们会要求你拥有学术图书编辑经验；若应聘社内编辑职位，我们还会要求你参加一次编校测试。报纸和杂志编辑的招聘流程也大同小异。

那么，你该如何起步呢？

一个办法是，如果你年纪尚小，且父母也不介意，那么可以试试先回家住段时间，找个出版机构做做无薪实习。我供职于童书部门时，我们那儿有好多实习生，大部分人都最终靠着实习中展现出来的能力以及我们的推荐信,找到了带薪工作职位。如果你无法住在父母家里,那么在其他工作允许的情况下,你不妨试试每周抽几个小时做编辑志愿者。身为实习生,你可能需要不时打打杂,比如编目、校对、评估投稿,或给校样核红、誊改——这些工作能让你熟悉校对符号、学习初步的校对与编目技巧。如果你能拿到编辑修改稿,与校对稿对照着看,那么整本稿子校对下来,会对你帮助极大,它给了你一个机会学习编辑对原稿的修改与质疑。如果你聪明好学,主管编辑也许还会主动给你介绍其他的校对工作,这对进入文字编辑的职业道路显然是个重大助力。

很多大学都会颁发新闻出版专业学位,但除此之外,出版方面的短期培训课程——如纽约哥伦比亚大学的相关课程——也是一个不错的学习选择。上上书稿编辑课是一个相对物美价廉的培训方法。比如说,芝加哥大学的格雷厄姆继续教育学院(Graham School of Continuing Education)能颁发相关专业学习证书。还有线上教育。如果你勤奋努力,结业之际,老师或许会帮你拓宽新工作资源,写上一封推荐信。招聘文字编辑的机构会安排你参加入职考试,编辑课程显然也能助你一臂之力。

如果你拿到了校对工作,那就可以把它当作最终成为文字编辑的晋升之阶。如果你在数学、科学或外语方面学有所长,那就有机会参与专业性较强的校对或编辑工作。所以,应聘工作时,一定要强调自己的学术专长。如果你拿到了招聘意向,下一步就有可能去参加校对测试,所以请事先充分准备,学习校对符号,拿朋友的期末作业和毕业论文先练练手。《芝加哥手册》或其他编校规范都应放在手边随时阅读。如果你有把握说自己熟练掌握了某种编校规范——比如《芝加哥手册》规范、《美联社格式手册》规范或"现代语言学会规范"——那你在招聘者眼中肯定会印象分大增。你可以做做无偿试校。身为校对，你或许能与管理编辑建立起比较良好的合作关系，这也会为你逐渐进入文字编辑领域铺平道路。

就算你手头仅有一份自由编辑工作也是不错的，以它为基础，通过与同一个雇主的多次项目合作，积累文字编辑经验，以后把经验转换到其他项目其实也并非难事。许多出版机构会要求自由外编应聘时参加编辑能力测试，但是当你工作经验累积到一定程度时，他们聘用你会更加考虑资历与推荐。许多资深外编都曾告诉过我，口碑是他们接到新工作的最佳途径。

最后，还有无数纸质与电子资源可供你探索学习。许多书都讲到了编辑技巧与学习资源，你可以去网上或图书馆数据库查询，也可以亲自去书店或图书馆翻阅。对于校对与文字编辑来说，无论你是刚起步的新人，还是拥有多年经验的资深老手，互联网都可谓信息宝藏。本书"延展阅读"部分能够满足所有工龄段的文字编辑需要。

祝你顺利。

延展阅读

就作家与编辑而言,我推荐最新版《芝加哥手册》(http://www.chicagomanualofstyle.org)作为延展参考文献。权威参考资料,如词典、编校规范与语法手册、新闻时事以及网站等方面的简明实用讨论,我推荐你读读艾米·艾因索恩(Amy Einsohn)的《文字编辑手册:图书出版与企业沟通指南》(*A Guide for Book Publishing and Corporate Communications*)第 3 版(伯克利:加利福尼亚大学出版社,2011 年版),第 57—67 页。

以下是几个特别棒的资源网站,能有效协助你训练校对与文字编辑技巧,深化自我教育,找到工作。如果跳过了第 12 章的"等等!回来"那一小部分,不妨现在往下读读,挑几个博客或网页,收藏到你的资源夹里。

专业组织

许多编辑专业网站,都会为会员提供课程信息、编辑工具及教程、工作招聘、全国会议信息、本地工作坊及研讨会等相关资讯，即使是非会员用户也可以在网站中找到许多建议与启发。在美国，美国文字编辑协会（American Copy Editors Society，http://www.copydesk.org）最初就是为新闻行业的文字编辑而建立的，但近几年来，他们也开始扩大规模，为其他出版行业的编辑服务了。自由外编联盟（Editorial Freelancers Association，http://www.the-efa.org）也是一个全国性的会员组织，里面还包含各地方分会。加拿大与英国的相似组织有：加拿大编辑联盟（Editors' Association of Canada/Association Canadienne des Réviseurs，http://www.editors.ca）、编校协会［Society for Editors and Proofreaders（SfEP；http://www.sfep.org.uk）］。这些组织在脸书和推特上都非常活跃。

博客与网页

凯瑟琳·欧默尔-克洛普弗（Katharine O'Moore-Klopf）偶尔会使用 KOKEdit（www.Kokedit.com）博客，她的网站里收录了许多线上参考资料与入门建议的链接。由出版人伊琳·布莱纳（Erin Brenner）、培训编辑劳拉·普尔（Laura Poole）运营的文字编辑网站（http://www.copyediting.com），聚合了许多实用文章，涵盖培训课程、音频会议、工作招聘等各方面资源，虽然其中有些内容——如《文字编辑》新闻资讯——只对会员开放。加拿大编辑亚德里安娜·蒙哥马利（Adrienne Montgomerie）创办了一个有趣又实用的资源博客网站，叫作"直角天使与马球小熊：编辑历险记"[1]（http://

---

[1] 原文"Right Angels and Polo Bear"，应是指书稿中的错误输入——将直角"right angle"与北极熊"polar bear"误写成了"right angel"与"polo bear"。因此，中文翻译成"直角天使与马球小熊"，希望能令读者见中文而意会英文，理解"编辑的文本历险"。——译者注

blog/catchthesun.net),发布她本人制作的"编辑新手技能包"以及可下载的博客文件。斯坦·卡雷(Stan Carey)主要做"句子优先"(*Sentence First*,http://stancarey.wordpress.com)及"麦克米兰词典"(*Macmillan Dictionary*)博客,有时也会把他觉得有用或有趣的语法和语言相关文章发布在"链接爱"(*Link Love*)里。本·齐默(Ben Zimmer)为《华尔街日报》(*Wall Street Journal*)、词汇网(http://vocabulary.com)等相关媒体撰写语言文字类文章。约翰·麦克因泰尔(John McIntyre)旨在破除语法与编校僵化规则的小文章,经常发在"你真别说"(*You Don't Say*,http://www.baltimoresun.com/news/language-blog)博客里,充满巧智且极有教益。如果你对新闻报道的真实性及新闻机构撤稿机制感兴趣的话,不妨关注克雷格·希尔维曼(Craig Silverman)在波因特网站(http://www.poynter.org/tag/regret-the-error)做的"悔错"(*Regret the Error*)。在 Snopes(http://www.snopes.com)网站,你能查到谣言与都市传说的真相。编辑、语言学作家扬·弗里曼(Jan Freeman)常在"把语法扔下车"(*Throw Grammar from the Train*,http://throwgrammar-fromthetrain.blogspot.com)博客里发文;Wordnik 网站词典编者伊琳·麦克金(Erin McKean)的推文也值得关注(http://www.wordnik.com/;http://twitter.com/emckean)。米格农·佛格迪(Mignon Fogarty)的"语法女孩"(*Grammar Girl*,http://www.quickanddirtytips.com/grammar-girl)博客做得非常棒,也非常受欢迎,里面收录了许多语法方面的资源。这些作者与编辑都有推特账号可供关注。

"语言日志"(*Language Log*,http://languagelog.ldc.upeen.edu)是一个体量很大的博客网站,拥有许多博客撰稿人,他们会对比较前沿难懂的语言学技术问题进行探讨,但他们也会为普通读者写通俗易懂的小文章。我尤其喜欢乔弗雷·普鲁姆(Geoffrey

Pullum)机智幽默的责问与马克·利伯曼（Mark Liberman）对语言科学流俗观念的驳斥。利伯曼的文章会敦促你在阅读时保持谨慎与理智——而不是盲信（甚或转发散布）什么"摩梭语中没有'父亲'一词"或"使用人称代词是自恋的标志"[1]这种胡说八道。普鲁姆还常常为《高等教育纪事》"通用语"博客撰文（http://chronicle.com/blogs/linguafranca），该博客撰稿人还包括安·库尔赞（Anne Curzan）、露西·菲利斯（Lucy Ferriss）、威廉·盖马诺（William Germano）、本·野谷田（Ben Yagoda）及其他语言学专家。

许多优秀网站会解答文字处理方面的问题，我个人最常用的是几个有关微软 Word 操作方法的网站。我曾提到过杰克·里昂的 Editorium（http://www.editorium.com）网站，里面有许多免费的使用技巧、教程与工具（包括我最爱的微软 word 高级查询替换工具），还有系统插件（如 File Cleaner 和 Note Stripper）——你可以在购买正版前先下载试用。Word MVP 网站（http://word.mvps.org/）中也有个人电脑与苹果电脑的微软 Word 技巧与教程，且提供专门的排除故障专区。艾伦·怀亚特（Allen Wyatt）的 Word Tips 网站（http://wordribbon.tips.net）分类板块清晰，能帮助你迅速找到各版本 Word 相关使用信息。最后，除了《芝加哥手册》问答，《芝加哥手册（线上版）》还主办了"商谈"博客（*Shop Talk*），面向编辑与作者，发布与芝加哥手册相关的编校建议。上述作者与编辑，你都可以在推特上关注。

新闻报道

尽管《文字编辑》（*Copyediting*）需付费订阅，但 Copyediting 网

---

[1] "语言日志"中的"分类搜索"是个宝库。比如点击"Eggcorns"或"Crash Blosooms"，你会找到大量既有趣又有用的博文。

站允许所有用户浏览相关新闻报道。伊琳·布莱纳和其他顶尖编辑如马克·艾伦、亚德里安娜·蒙哥马利、凯瑟琳·欧默尔-克洛普弗、乔纳森·欧文(Jonathan Owen)、道恩·麦克伊尔维恩·斯塔尔(Dawn McIlvain Stahl)等撰写的双月报道,其中不仅有新闻资讯,还包含语法、编校规范与编辑技术等方面的评述。杰克·里昂主笔的免费电子周报《编辑时事》(*Editorium Update*,http://www.editorium.com/newsletr.htm),是一个特别好的资源网站,提供"编辑、写作与排版方面的微软 Word 实用技巧"。如果你对宏感兴趣,《编辑时事》的宏板块,会是一个特别有帮助的学习起步助手;里昂会言简意赅、手把手地教会你相关知识。"艾伦·怀亚特 Word 小贴士"的主笔艾伦·怀亚特也会通过电子邮件每周发布免费的微软 Word 小贴士。

论坛与电邮列表

Copyediting-L(http://www.copyeditingl.info)可能是最大、最知名的文字编辑类电邮列表了。它由印第安纳大学主办,既包含电邮列表,也有文章摘要,"为文字编辑及其他乐于讨论编辑问题的英语语言守护者服务:难解的编校规范疑问,编辑哲学,报纸、技术及其他专门编辑问题,参考书目,客户关系,网络资源,电子编辑及软件,自由外编事务,等等"。其中有两个电邮列表:一个"禁谈政治、宗教、性以及系统福音",另一个则无所禁忌。

如果你不习惯大量电邮来袭,那么可以选择比较安静的交流平台,如《芝加哥手册(线上版)》(http://www.chicagomanualofstyle.org)主办的订阅用户论坛。你可以在论坛里发布编辑问题,之后有空看看是否得到回复即可。(会有人回复的!)

致　谢

本书第 2 版的部分文字改编自我在《高等教育纪事》"通用语"博客文章，并已得到授权，包括：《关于文字编辑与全文统一：真相出乎意料》，2011 年 8 月 26 日；《交稿？把排版留给排版员吧》，2011 年 9 月 6 日；《交稿之前：自校小贴士》，2011 年 10 月 9 日；《文字处理器想要讨好你》，2011 年 10 月 24 日；《读读编校信，这能有多难？》，2012 年 1 月 6 日；《失败属于失败者：备份无比简单》，2012 年 2 月 3 日；《当编校规范和语法规则辜负你时》，2012 年 3 月 5 日；《引用推特：用户不全是傻子》，2012 年 3 月 23 日；《你是个难缠的作者吗？》，2012 年 3 月 27 日。部分文字来自"叛逆的文字编辑"博客：《大权在握：是好是坏？》，2012 年 9 月 19 日；《僵化死板是如何给文字编辑招来骂名的》，2012 年 12 月 12 日。还有一篇是发表在《非虚构创意写作 53》(*Creative Nonfiction* 53，2014 年秋季号，第 16—17 页，已授权)中的《纠正者》。

感谢引领我的导师们与编辑同侪,这本书原本该由你们撰写,你们的故事与建议构成了本书的核心:Mark Allen、Barbara Bagge、Alice Bennett、Erin Brenner、Rosina Busse、Mary Caraway、Stan Carey、Erik Carlson、Leslie Cohen、Erin DeWitt、Jean Eckenfels、已故的 Amy Einsohn、Kelly Finefrock-Creed、Kate Frentzel、Jenni Fry、Mary Gehl、Ruth Goring、Teresa Hagan、Russell David Harper、Sandra Hazel、Susan Karani、LeslieKeros、Michael Koplow、Heidi Landecker、Caterina MacLean、Margaret Mahan、John E. McIntyre、Mara Naselli、Susan Olin、Mark Reschke、已故的 Claudia Rex、Maia Rigas、Anita Samen、Christine Schwab、Joel Score、Edward Scott、Rhonda Smith、Cheryl Solimini、Rebecca Sullivan、Ruth E. Thaler-Carter、Nancy Watkins、已故的 Lila Weinberg、Lys Ann Weiss、Laura Westlund 以及 Yvonne Zipter。

在专业意见与热心帮助方面,我要感谢 Laura Andersen、Rossen Angelov、Marc Aronson、Victoria Baker、Tristan Bates、Kira Bennett、Susan Bielstein、Nathan Bierma、Dean Blobaum、Michael Brehm、Perry Cartwright、Joe Claude、Joan Davies、Lindsay Dawson、Paula Barker Duffy、Joëlle Dujardin、Will Dunne、Elizabeth Fama、Lucy Ferriss、Eric Gamazon、Clifford Garstang、William Germano、Alister Gibson、Ellen Gibson、Kate Hannigan、Kathleen Hansell、Mark Heineke、Rob Hunt、Jaci Hydock、Brad Inwood、Penny Kaiserlian、Blair Kamin、Carol Kasper、Garrett Kiely、Linda Hoffman Kimball、Mary Laur、Charles Lipson、Robert Lynch、Sylvia Mendoza、Jane Miller、Sarah Oaks、Gregory Opelka、Joseph Parsons、Joseph Peterson、Randy Petilos、Rodney Powell、Geoffrey Pullum、已故的 Chris Rhodes、Lauren Salas、Jill Shimabukuro、Logan Ryan Smith、Inés ter Horst、Margie Towery、John Tryneski、Joseph Weintraub、Ben Yagoda、Aiping Zhang 以及 Sara Zimmerman。

感谢 Mark Allen、Kathy Dorman、ElizabethFama、Russell Harper、Tiana Pyer-Pereira、John Saller、Ed Scott 和出版社的三位匿名评审，感谢你们对初稿的审阅以及有关改进与深化本书内容的建议。Erin DeWitt、Mara Naselli、Ed Scott 与 Lys Ann Weiss 为我完成外编那一章提供了专业援助。特别感谢 Russell Harper 于 2001 年 1 月接手"《芝加哥手册》问答"栏目的编辑工作，并在三年的工作中始终贯彻着专业性与娱乐性并存的风格。感谢 Ruth Goring，我的语法导师，感谢她无穷无尽的智慧与幽默。感谢 Ruth、Russell、Anita Samen 和 Kelly Finefrock-Creed，感谢你们与"《芝加哥手册》问答"的多年合作。

在芝加哥大学出版社，责任编辑 Paul Schellinger 倾听我、挑战我、巧妙地督促我完成了本书。David Morrow 带着善意的忠告与巨大的耐心制作了本书第 2 版。我还要感谢管理编辑 Anita Samen 的包容、幽默以及她那果决高效的管理风格。感谢 Carol Kasper 和 Ellen Gibson，你们的开放与热情引领本书开启了新的方向。Erin DeWitt 充满专业修养与大气风范的两次编辑，从方方面面提升了本书的品质，我要向她致以最衷心的感谢。Christine Gever 与 Gregg Opelka 的校对，让我在终校阶段放宽了心。真诚感谢 Isaac Tobin 与 Joe Claude 分别设计、制作了如此精美的内页，感谢 Ellen Gibson 与 Lauren Salas 的亲切、慷慨与出色的营销宣发。

我的儿子们，约翰（John）与本（Ben），带着爱与感激，我将本书献给你们。

译后记

2015年的青年节,我第一次走进南大社的人文编辑部,找到门口的办公桌,掏出杯子和黑红两色中性笔,开始了学术编辑生涯。主任拿过来一本稿子让我做校对。我一看,哦,米尔斯的《白领》啊,读过的,不用怕。然而,校对什么啊?怎么校对啊?虽然提前集中学习过编校规范,但是笔落到纸上,那些怪异的编校符号一瞬之间全还给规范,一个也想不起来了。糊里糊涂看了一天,校完交稿,心里知道,速度虽快,质量不行。果然,主任检查完毕,又是页页标红。抱拳感谢主任手下留情。

这只不过是个开始。编校质量或许是编辑生涯中最基本最简单的一关吧,耐心、细心、专心,再加上熟练掌握编校规范,差不多就足够了。真正考验技术的,是如何应对作者、面对同事,以及如何自我安慰、自我审视与自我提升。换句话说,这些经由文本而发生的人际关系才是文字编辑最害怕也最需要攻克的一关。

本书作者卡罗尔·费舍·萨勒显然深谙编辑甘苦。身为芝加哥大学出版社的学术图书资深编辑，她深耕领域多年，又兼任《芝加哥手册》问答"栏目的主编与主笔，是业内成就相当卓著的文字编辑。这样的地位与成就，足够她摆出老资格面孔说教一番，讲讲大道理了。但她选择了另一条道路：说大实话。在这本书中，你会看到脾气大、架子足、拒绝配合的作者，会看到手握规范、死抠细节、毫不妥协的同事，会看到强迫症严重、熬夜赶稿子的自己。面对书稿、作者、同事、上司、读者以及自己，我们会苦恼、愤怒、崩溃，当然也会快乐、幸福、满足。一切矛盾，一切困难，萨勒老师都踩过雷，也逐渐找到了化解之道。她那些"叛逆的"小窍门、小技巧以及小伎俩，不但能令你会心一笑，更能实实在在地帮你解决麻烦。

　　每个编辑都能从这本小书中找到自己的影子；每个希望成为编辑的人，别害怕，编辑部的故事有泪也有笑——读完本书，仔细想想，你还想当文字编辑吗？试试看吧！

　　感谢先生张淞纶，容忍我的急脾气，未来、远方，一起努力。感谢儿子敏衡，你从幼儿园小朋友长成了一年级小学生，人生愿望也从当编辑变成了当老师，还记得来妈妈编辑部"视察"看稿的日子吗？

　　感谢金鑫荣主编，感谢您一直以来的信任、鼓励、关怀与支持。

　　感谢施敏主任。疫情期间，施老师来电约稿，将这本有趣的作品委托给我。半年的翻译，编辑部往事历历在目，想念诸位老师。

　　感谢版权编辑徐楠老师，感谢编辑本书的文字编辑刘慧宁老师，感谢包容与帮助。

　　2014 年南京的梧桐树，换成了 2019 年广州的木棉花。在南大社的四年，宝贵又温暖。谨以此书纪念我的编辑生涯。

卢文婷
2020 年 12 月 21 日